기독교문서선교회 (Christian Literature Center: 약칭 CLC)는 1941년 영국 콜체스터에서 켄 아담스에 의해 시작되었으며 국제 본부는 미국 필라델피아에 있습니다. 국제 CLC는 59개 나라에서 180개의 본부를 두고, 약 650여 명의 선교사들이 이동도서차량 40대를 이용하여 문서 보급에 힘쓰고 있으며 이메일 주문을 통해 130여 국으로 책을 공급하고 있습니다. 한국 CLC는 청교도적 복음주의 신학과 신앙서적을 출판하는 문서선교기관으로서, 한 영혼이라도 구원되길 소망하면서 주님이 오시는 그날까지 최선을 다할 것입니다.

추천사

삶으로 증명하며, 기적을 만들어 낸 그리스도인

최 성 경 중령(진) | 군종 목사

  일반적으로 다른 문화권, 다른 민족에게 복음을 전하는 일을 '선교'라 합니다. 그런데 대한민국에서, 국민에게 복음을 전하는데도 '선교'라는 표현을 사용하는 선교의 장이 있습니다. 바로 군대, 곧 군 선교입니다. 군대는 그만큼 독특한 환경이며, 또 다른 삶이 펼쳐지는 곳입니다. 군대에서의 삶은 절대 쉽지 않습니다. 가장 이타적인 임무를 수행하는 곳이지만, 가장 이기적인 사람을 쉽게 만나는 곳이 군대입니다.
  그런 곳에서 능력 있는 군인으로, 사랑으로 섬기는 이타적 그리스도인으로 신실함을 증명한 형제들이 있습니다. 그중 가장 기억에 남는 형제가 장용석 목사님입니다.
  그의 군생활은 결코, 쉽지 않았습니다. 그러나 그의 불평과 원망을 들어본 기억은 없습니다. 그는 현실에 포기하거나 주눅 들지 않았습니다. 생명이 바위틈에서 작은 싹을 틔워, 바위산을 초록으로 물들게 하듯, 그곳에 생명을 심고, 싹 틔우고, 확산했습니다. 결국, 그가 근무했던 부대는 오랜 기간 단 한 명도 예배 참석자가 없던 부대에서, 거의 모든 부대원이 예배에 참석하는 생명 가득한 부대가 되었습니다.

그는 '삶으로 증명하며, 기적을 만들어 낸 그리스도인'이었습니다.

그런 그가 군에 입대하는 청년들을 위해 사랑으로 글을 썼다는 소식을 전했을 때, 그 누구보다 적임자라 생각했습니다.

이 책은 군생활 기간 기록한 일기인 수양록을 바탕으로 쓴 글입니다. 이병, 일병, 상병, 병장 장용석의 고민과 기도 그리고 위대한 기적이 고스란히 담겨 있습니다.

그때와 지금의 군생활의 환경은 너무도 달라졌습니다. 그러나 그가 했던 고민과 질문들은 여전히 이 시대를 살아가는, 특히 군에 입대하는 청년들에게 너무도 필요한 내용입니다.

많은 사람이 이 책을 통해 군대를 막연히 무서워하고 피하려 하기보다, 믿음으로 부딪치고 도전해 위대한 기적을 이루어 내는 역사의 주역이 되기를 소망합니다.

✦ ✦ ✦ ✦ ✦

박종인 | 군대 후임

    나는 그를 군복무 시절, 좋은 선임으로 추억하고 있습니다. 십 년이라는 세월이 더 지난 기억입니다. 그렇기에 나의 기억과 추억은 완벽하지 못해 어쩌면 한쪽으로 치우쳐 있는 것일지도 모릅니다.
    하지만 분명한 사실은 나는 그가 군복무 시절 소대의 분위기를 변화시켰다는 것만은 명확하게 기억합니다.
    그가 있었기에 우리 소대는 종교 활동의 자유를 누릴 수 있었습니다. 그 전에는 그런 활동이 상당히 제약되거나 경직되어 있었습니다. 나는 비록 특정 종교를 가지진 않았지만, 그와 같이 군복무를 하던 시기에는 종교 행사 참여의 기회를 충분히 보장받았습니다. 그렇기 때문인지 그가 전역한 이후에도 소대에서는 그런 분위기가 한동안 지속되었습니다.
    군대는 나라를 수호하는 기관의 집단입니다. 일반적으로 이런 집단은 상하의 구분이 명확한 계급과 계급 간의 의사 전달 체계를 갖는데, 평등 사회의 의사 전달 체계와는 분명하게 구분되는 지점이 있습니다. 지휘체계가 엄정한 군대 집단의 상하관계에서 이루어지는 의사 전달은 명령과 복종이라는 강제성을 동반합니다.
    이를테면, 나는 군복무를 할 당시 소대 내에서 가장 하급자의 계급에 속해 있었습니다. 상급자로부터 종교 행사 참여의 자유를 보장받았을 때, 처음에 나는 이것도 일종의 명령과 복종이라는 (물론 상급자는 그럴 의도가 전혀 없었을 것입니다) 강제성이 동반된 것으로 해석해 종교 행사에 참석했었습니다. 이후 일정한 시간이 좀 더 흐른 후 이것이 강압이 아닌 진정으로 자유로운 참석이라는 것을 알게 되었습니다.

★ ★ ★ ★ ★

최 홍 구 | 군대 후임

　군대를 생각하면 많은 일이 있었지만 그래도 가장 기억나는 것을 꼽자면 용석이 형과 함께했던 군생활입니다.

　저희 경비 소대는 특성상 주말에도 근무를 해야 합니다. 그러다 보면 교회 가기 어려울 때도 있었는데요. 근무 스케줄 담당자였던 용석이 형이 주일날 오후에는 항상 근무를 빼 주셔서 같이 예배를 드릴 수 있었습니다. 힘든 군생활 속에서 예배를 통해 조금이나마 숨통이 트일 수 있었고 매주 교회 가서 예배를 드릴 수 있다는 생각으로 이겨 낼 수 있었습니다.

　사실 저는 입대 전에 상근 예비역이 나온 상황이라 군대를 안 가도 됐습니다. 어머니와 함께 기도하는 중 주님의 음성을 들었습니다.

　주님께서 저와 어머니에게 현역에 입대하라고 말씀하셨습니다. 또, 주님은 어머니에게 제가 부대에서 멘토를 만나게 되고 잘 이겨 낼 수 있을 거라고 말씀해 주셨습니다. 그리고 어머니는 저에게 그 음성을 이야기해 주셨습니다.

　저는 군대에서 만난 용석이 형이 주님이 말씀하신 그 멘토라고 생각됩니다. 용석이 형 덕분에 백마대교회에서 찬양팀으로도 섬겼고 부대 내에 있던 가혹 행위도 없어졌습니다. 제대 후에도 교회를 같이 다니면서 신앙생활을 계속 이어 나갈 수 있게 되었습니다. 그래서 용석이 형은 늘 제 인생에서 고마운 사람으로 기억되는 사람입니다.

주님! 군대에도 계십니까?

Are you really there in the military, Lord?
Written by Jang Yong-seok
All rights reserved.
Korean Edition Copyright ⓒ 2022 by Christian Literature Center, Seoul, Korea.

주님! 군대에도 계십니까?

2022년 4월 30일 초판 발행

지 은 이 | 장용석

편　　집 | 한명복
디 자 인 | 김은경, 김소영, 서민정
펴 낸 곳 | (사)기독교문서선교회
등　　록 | 제16-25호(1980. 1. 18.)
주　　소 | 서울특별시 서초구 방배로 68
전　　화 | 02-586-8761~3(본사) 031-942-8761(영업부)
팩　　스 | 02-523-0131(본사) 031-942-8763(영업부)
이 메 일 | clckor@gmail.com
홈페이지 | www.clcbook.com
송금계좌 | 기업은행 073-000308-04-020 (사)기독교문서선교회
일련번호 | 2022-47

ISBN 978-89-341-2429-0 (03230)

이 책의 저작권은 저자와 (사)기독교문서선교회가 소유합니다.
신저작권법에 의하여 한국 내에서 보호받는 저작물이므로 무단 전재와 무단 복제를 금합니다.

"군대에 가면 신앙을 잃어버린다던데…"

주님!
군대에도
계십니까?

장용석 지음

"그리스도인은 군생활을 어떻게 준비해야 할까?"

군대는 시간을 허비하고 오는 곳이 아니라 하나님과 친밀함을 쌓을 수 있는 축복의 장소입니다

CLC

주님! 군대에도 계십니까?

내가 산을 향하여 눈을 들리라
나의 도움이 어디서 올까
나의 도움은 천지를 지으신 여호와에게서로다
(시 121:1-2).

추천사 최성경 중령(진), 군종 목사 • 01
　　　박종인 군대 후임 • 03
　　　최홍구 군대 후임 • 04

서문 • 13
군 입대 목적과 동기 • 17

제1부 훈련병 • 20

1 훈련소 입대하는 날 • 21
2 입에서 피가 쏟아지다 • 22

제2부 이등병 • 24

3 군대 적응 시기 • 25
4 배고픈 병사 • 28
5 성령님이 도우신다 • 29
6 이기적인 고참들 • 31
7 네 주일을 거룩히 지키라 • 34
8 서러운 이등병 • 37
9 이방인 교육생 • 41
10 너희 염려를 다 주께 맡기라 • 43
11 세상의 빛과 소금이 되는 이등병 • 46

제3부 **일병** • 48

12 후임들에게 뒤통수 맞다(하극상) • 50
13 칭찬은 선임도 춤추게 한다 • 52
14 모세가 손을 들면 이스라엘이 이기고 손을 내리면 아말렉이 이기더니 • 54
15 방백들을 의지하지 말고 도울 힘이 없는 인생도 의지하지 말지니 • 56
16 먹든지 마시든지 무엇을 하든지 주님의 영광을 위하여 하라 • 59
17 사람을 기쁘게 하랴 하나님을 기쁘게 하랴 • 62
18 용서하는 그리스도인 • 65
19 원수를 사랑하며 너희를 박해하는 자를 위하여 기도하라 (1) • 68
20 원수를 사랑하며 너희를 박해하는 자를 위하여 기도하라 (2) • 73
21 사람이 그 길을 계획할지라도 인도하시는 분은 하나님 (1) • 77
22 사람이 그 길을 계획할지라도 인도하시는 분은 하나님 (2) • 79
23 성추행 당하다 • 84

제4부 **상병** • 86

24 망막이 찢어지다 • 91
25 간부의 20만 원짜리 택배가 없어지다 • 93
26 거꾸로 신은 고무신 • 96
27 분대장을 침노하다 • 98
28 즐거운 자들과 함께 즐거워하고 우는 자들과 함께 울라 (1) • 101
29 즐거운 자들과 함께 즐거워하고 우는 자들과 함께 울라 (2) • 103
30 소에게는 풀을, 사자에게는 고기를 • 105
31 해님과 바람 • 107
32 메모하는 습관을 들이자 • 111
33 후배들에게 들려주는 일곱 가지 크리스천 리더십 • 113

병장 • 119

34 계급으로 전도하는 최고의 기회 • 121
35 간부와의 관계가 전도를 업그레이드하게 만든다 • 128
36 보상 심리를 내려놓자 • 131
37 38일간의 휴가 • 135
38 참된 신앙 • 136

민간인 • 139

39 군생활을 돌아보며 • 140
40 전역 후 • 145

부록
분대장이 꼭 해야 할 여덟 가지 • 148
군대 가기 전 준비해야 할 것 • 160

서문

　20대 초반일 때 저는 '군대에 가면 신앙을 잃어버린다던데', '그리스도인은 군생활을 어떻게 준비해야 할까' 등에 대한 궁금증이 있었습니다. 주위를 둘러봤지만 안타깝게도 제 주위에는 궁금증에 대해 답해줄 사람이 없었습니다. "그냥 잘 버티고 오면 돼"라는 이야기만 할 뿐입니다(이 말도 틀린 것은 아닙니다).

　그래서 인터넷 서점에서 군 선교 관련 기독교 서적을 찾아봤습니다. 장교 출신이 쓴 책은 있었지만, 병사 출신이 쓴, 실질적 이야기는 없어서 매우 아쉬웠습니다.

　입대 전 21일 산기도를 한 것 말고는 달리 준비한 것은 없었습니다. 어쩔 수 없이 저는 몸으로 부딪쳐야 했고 1년 11개월 동안 수많은 일을 겪게 되었습니다. 실수와 성공을 반복하면서 체계가 하나씩 잡히기 시작했고 마침내 성령님의 인도하심으로 하나님 중심, 성경 중심의 군 선교에 관한 책을 쓰게 되었습니다.

　저는 2007년에 군에 입대했습니다. 불교 집안에서 태어났고 당대에 문을 연 신앙인입니다. 하나님은 믿음의 족보도 없는 무명의 그리스도인을 사용하셔서 폭력, 가혹 행위, 구타, 폭언이 있는 곳을 변화시켜 22명이 교회에서 예배를 드리게 하셨습니다.

　어느 날 교회로 출근하는 시내 버스 안에서 갑자기 성령님의 음성이 들렸습니다.

　"군대에서 있었던 일을 책으로 만들어 봐라."

성령의 음성에 순종해 군생활 시절 썼던 일기를 꺼내서 읽어 보았습니다. 저는 글솜씨도 없고 글씨 모양도 안 예쁩니다. 하지만 일기를 보는 내내 마음이 뜨거워지고 눈에서 눈물이 났습니다. 일기를 보면서 잠시 잊고 있었던 지난 일들이 떠올라 하나님의 살아계심을 느끼며 고백했습니다.

"하나님이 이렇게 하셨구나, 모든 것이 하나님의 은혜이구나!"

저는 평소에는 일기를 안 씁니다. 그런데 신기하게도 일기에는 훈련병부터 병장까지의 삶이 75퍼센트 이상 기록되어 있었습니다. 모든 것이 하나님의 은혜입니다.

교회 형제들이 신앙생활을 잘하다가 군대 갔다 와서 교회를 떠난 경우를 많이 보았습니다. 그런 일이 있을 때마다 마음이 아팠습니다.

여러분, 준비되지 않은 상태에서 군대에 가는 것은 위험할 수 있습니다. 구약의 이스라엘 백성들을 보십시오. 바벨론에서 포로 생활을 하면서 새로운 환경, 사람, 규칙들과 맞닥뜨리게 됩니다. 그들은 야훼 하나님의 백성으로 살 것인지, 아니면 그들과 동화되어 바벨론 사람처럼 살지를 정해야 하는 갈림길에 서게 됩니다.

군생활도 비슷합니다. 그리스도인으로 살 것인지, 잠깐 하나님을 떠나 살 것인지에 대한 갈림길에 서게 됩니다. 그리고 하나님을 잠깐 떠나 사는 게 군생활에 이익이 있는 것처럼 보입니다.

그러나 "하나님이 세상의 미련한 것들을 택하사 지혜 있는 자들을 부끄럽게 하려 하시고 세상의 약한 것들을 택하사 강한 것들을 부끄럽게 하십니다"(고전 1:27).

주님을 믿은 지 1년 7개월밖에 안되고 성경에 대해 아는 것도 많이 없고 기도해 주시는 부모도 없는 저를 택하셔서 부대에서 가장 문제 많고 간부들이 피하는 소대로 보내셔서 그곳을 복음으로 변화시키셨습니다. 하나님의 은혜로 소대원 23명 중의 22명이 복음을 받아들이거나 함께 예배를 드렸습니다.

이 모든 것을 주님이 하셨습니다. 저는 단지 통로로 쓰임 받을 뿐이었습니다.

고린도전서 3:6을 보면 "나는 심었고 아볼로는 물을 주었으되 오직 하나님께서 자라나게 하신다"고 말씀하십니다. 주님께서 자라나게 하시지만 우리는 심고, 물을 주는 역할을 해야 합니다.

심지 않고 물도 안 주면서 식물이 자라나길 바랄 순 없겠죠?

입대 전부터 전역 때까지 있었던 일과 전도대상자들에게 어떻게 복음의 씨앗을 심고 물을 주었는지 그 과정을 책에 옮겨 놓았습니다. 중간마다 제가 현역 시절에 썼던 일기 내용도 들어 있습니다. 잘된 부분뿐만 아니라 안된 부분까지 세세하게 기록했습니다. 끝까지 완독하고 적용하셔서 군대에서 빛과 소금의 역할을 잘 감당하시기를 축복합니다.

창세기 37장부터 요셉 이야기가 나옵니다. 많은 크리스천이 당시 초강대국 이집트의 총리인 요셉을 보고 부러워합니다. 그리고 "너도 요셉같이 훌륭한 사람, 하나님께 쓰임 받는 사람이 되렴"이라는 말도 많이 들어봤을 것입니다.

그런데 요셉이 총리가 되기까지 얼마나 크고 작은 고난이 많았는지 아시나요?

요셉은 형들의 시기로 버림받아 미디안 상인의 노예로 팔리게 되고 정직하고 성실하게 일했지만 억울한 누명을 쓰고 감옥에도 갇혔습니다.

그곳에서 얼마나 외롭고 답답했을까요?

그뿐만이 아니죠.

감옥에서 술 관원과 떡 관원의 꿈을 해석해 주고 '이제 고난이 끝나겠지' 싶었는데 관원이 약속을 지키지 않아서 수년 동안 감옥에 갇혀 있어야 했습니다.

이런 다사다난한 상황에서 요셉은 어떤 마음이었을까요?

요셉은 감사할 때도 다 포기하고 싶을 때도 있었을 겁니다. 그러나 그는 포기하지 않았습니다. 13년의 연단을 통해 다듬어지고 장성한 자가 되었습니다. 그는 한 시대에 크게 쓰임을 받았고 그를 통해서 나라와 가문이 살게 되었습니다.

요즘 군대 복무 기간인 1년 6개월이 어떻게 보면 짧게 보일 수도 있고 어떻게 보면 길게 보일 수도 있습니다. 하지만 이 세월은 당신의 인생에 있어서 가장 값지고 소중한 시간이 될 것입니다. 요셉처럼 힘들 수도 있고 누명을 쓸 수도 있고 부당한 대우를 받을 때가 있을지도 모릅니다.

그러나 예수님도 모함을 당하셨고 제자들에게 배신도 당하셨고 채찍과 십자가형을 통해 극심한 육체적 고통을 당하셨습니다. 어려운 시기를 통해 주님의 마음을 조금 더 알게 될 것입니다.

우리가 꼭 기억해야 할 것은 죽음에서 부활하시고 사망 권세를 깨뜨리신 예수님이 우리와 함께하신다는 것입니다.

그분은 승리하셨습니다.

군 입대 목적과 동기

제 나이 21살이었을 때 제 주위에 있는 친구들이 한두 명 씩 군대에 가는 모습을 보았습니다. 솔직히 이야기하자면 그때까지 군대에 가야 하는지도 몰랐습니다. 그 정도로 국방의 의무에 대해 무지했었습니다. 그리고 저는 안 갈 줄 알았습니다. 그런데 주위 사람들이 입대하는 모습을 보고 그때부터 조금씩 실감하기 시작했습니다. 군대에 가기 싫었던 저는 하나님께 간절하게 기도드렸습니다.

"주님 군대 안 가게 해 주세요. 도와주세요. 역사해 주세요. 군대를 안 가게 되면 제가 교회 봉사 열심히 할게요."

간절한 기도를 드렸지만, 하나님은 저를 논산훈련소로 인도해 주셨습니다.

입대하기 5개월 전에 있었던 일이 생각납니다. 저는 우리나라에서 찬양 인도자로 유명한 목사님의 예배 인도자 학교에서 2박 3일간 예배 강의를 듣고 있었습니다.

강사 목사님은 자기는 날마다 기타만 치고 성경만 보는 연약한 신학생이었고 군대도 대학교를 졸업하고 늦게 입대했다고 합니다.

일반병으로 지원해서 무작위로 특전사(공수 부대)에 차출되었습니다. 처음에는 너무 힘들었지만, 시간이 지나면서 사회에서 경험할 수 없는 값진 것들을 경험했고 지금 목회하는 데 있어서 엄청난 자산이 되었다고 말씀하셨습니다. 턱걸이도 한 개도 못했던 사람이 열 개를 넘기고 천리 행군도 하게 되어 육체적, 정신적으로 큰 도움을 받았다고 합니다.

그것을 듣는 순간 제 마음속에 '바로 저기다'라는 확신이 강풍처럼 무대에서부터 제 마음속으로 확 불어왔습니다. '그래 나도 저기 가면 뭔가 변화가 있겠어'라는 기대와 벅찬 마음을 가진 채 공수 부대 지원에 대해 알아보았습니다. 부사관은 너무 길어서 병사에 지원했습니다. 면접과 실기에 합격해 2007년 겨울에 입대하게 되었습니다.

하나님이 당신을 군대에 보내신 이유는 두 가지입니다.

첫째, 나의 변화
둘째, 전도

군생활 목적은 바로 이 두 가지입니다. 이제껏 대부분 청년은 부모님 또는 가정이라는 울타리 안에서 편하고 안전하게 지냈을 것입니다. 어머니가 차려 주는 밥상에 자유를 만끽하며 지내다가 이제는 부모님의 울타리가 아닌 하나님의 울타리 안으로 들어가는 경험을 하게 될 것입니다. 제가 군대에서 자주 들은 이야기가 있습니다.
"군대에서는 어느 누구도 믿지 말고 오직 하나님만 믿으라."
당신은 체험하게 될 것입니다. 하나님의 울타리 안에서 오직 그분을 의지해야 한다는 것을 체득하게 될 것입니다. 그리고 험난한 군생활 가운데 신실하신 주님께서 하실 일을 보게 될 것입니다.

보라 내가 새 일을 행하리니 이제 나타낼 것이라 너희가 그것을 알지 못하겠느냐 반드시 내가 광야에 길을 사막에 강을 내리니(사 43:19).

주님이 당신을 통해 새로운 일을 행할 것입니다. 여러분 주님을 바라보세요. 하나님은 당신을 버리지 않으셨습니다.

주님은 "볼지어다 내가 세상 끝날까지 너희와 항상 함께하리라"(마 28:20)라고 말씀하십니다. 주님이 당신과 함께하시고 당신을 위한 위대한 계획을 준비하고 계십니다. 그분께 맡기고 전진하십시오. 반드시 당신을 도우실 것이고 피할 길을 내실 것입니다.

이것을 믿으시나요?

이제 주님의 도우심을 바라면서 함께 기도하겠습니다.

좋으신 하나님, 저를 사랑하셔서 군대로 보내 주시니 감사합니다. 그러나 낯설고 새로운 곳에 갈 생각을 하니 제 마음이 너무 불안하고 두렵습니다. 1년 6개월 동안의 앞을 예측할 수도 없습니다. 저는 어떻게 해야 할지 모르겠습니다. 그래서 저는 주님께 기도합니다.
성령님, 저를 도와주십시오. 성령의 능력으로 붙들어 주십시오. 제 인생과 군생활을 주님 손에 맡겨드립니다. 하나님의 뜻 가운데로 인도해 주십시오. 제 마음에 날마다 주님을 갈망하는 마음을 부어 주시고 하나님과 더 친밀해지는 은혜가 있게 해 주세요.
그리고 주위에 예수님을 알지 못하는 많은 영혼을 주님의 품으로 인도하는 징검다리 역할을 잘 감당하게 해 주세요. 욕설과 정죄와 비판과 판단이 가득한 장소에서 빛과 소금의 역할을 감당하도록 예수님의 마음을 제 마음에 부어 주세요. 나를 핍박하는 자들에 대해 긍휼의 마음을 품게 해 주세요. 그리고 군생활 가운데 주님의 영광을 드러낼 수 있도록 지혜를 주세요. 주님이 도와주실 줄 믿습니다. 감사드리며 예수님의 이름으로 기도드립니다. 아멘.

제1부

훈련병

하나님의 은사와 부르심에는 후회하심이 없느니라

(롬 11:29).

1

훈련소 입대하는 날

2007년 12월 매서운 바람이 부는 추운 겨울, 교회 친구와 논산훈련소에 입대하게 되었습니다. 너무 추웠는데, 마음은 더 추웠습니다. 훈련소 정문 앞에서 많은 취재진이 우리를 반기고 있었습니다. 알고 보니 가수 싸이가 같이 입대하는 날이었습니다.

'연예인도 입대하는구나!'

신기해하며 정문에 들어가서 가족들과 인사를 마친 후에 연병장에 모여서 바로 입소 대대에 가게 되었습니다. 아직도 기억나는 입소 대대 첫날 밤. 새벽에 꿈을 꾸다가 깼습니다.

'여긴 어디지?

아 어떻게 여기서 2년 동안 버티나?'

앞이 막막했습니다. 제 마음속에서 두려움이 싹트기 시작했습니다. 2년 동안 있을 생각을 하니 눈앞이 깜깜했습니다. "하나님 저 좀 도와주세요"라는 간절한 기도가 저절로 나왔습니다.

> 내 영혼아 네가 어찌하여 낙심하며 어찌하여 내 속에서 불안해 하는가 너는 하나님께 소망을 두라 그가 나타나 도우심으로 말미암아 내 하나님을 여전히 찬송하리로다(시 43:5).

2

입에서 피가 쏟아지다

　입소 대대에서 불안한 마음은 어느새 사라지고 신병 교육 대대에서 신나게 훈련을 받는 제 모습을 볼 수 있었습니다. 아침에 일찍 일어나서 환복*도 빨리하고 아침 점호 장소에 항상 세 손가락 안에 들 정도로 일찍 도착했습니다. 그래서 훈련소 조교들에게도 늘 인정받았습니다.
　"너 조교 해야겠다. 너 조교 하면 잘하겠다."
　이런 칭찬을 자주 들었습니다. 그런데 어느 날부터 몸이 이상해지기 시작했습니다. 열이 나고 으슬으슬 추웠습니다. 저는 믿음으로 "주님, 아프지 않게 해 주세요, 춥지 않게 해 주세요"라고 기도했지만, 상황은 점점 더 안 좋아졌습니다(사회에서도 건강해서 병원에 잘 안 갔습니다).
　코에서는 초록색 콧물이 나왔고 입에서는 피가 쏟아지기 시작했습니다. 심각한 상황이었지만 따로 소대장에게 보고하지 않았습니다(저처럼 하시면 안 됩니다. 상태가 안 좋으면 반드시 소대장에게 보고해야 합니다. 그러다 상태가 더 안 좋아지면 소대장 간부가 피해를 볼 수 있기 때문입니다).
　그러다 더 상태가 안 좋아져서 점호 시간에 온도 체크를 했는데 정상 온도 수치를 훨씬 넘었습니다. 그래서 바로 짐을 싸고 국군논

---
* 옷을 갈아입는 군대 용어

산병원(현, 육군훈련소지구병원)에 가서 엑스레이(X-ray)를 찍고 폐렴 판정을 받았습니다. 한 번도 걸리지 않았던 폐렴을 군대에서 걸리니 마음이 불편했지만 국군논산병원에서 2주, 논산훈련소 연대 의무대에서 1주, 총 3주간의 치료와 안식을 누렸습니다.

저는 처음에 입원할 때 걱정했습니다. 군 병원에서 3주 입원해서 훈련소에서 유급되어 저의 군생활이 연장될까 봐 두려웠습니다. 이 생활을 3주간이나 해야 한다는 절망적인 생각이 찾아왔지만, 나중 확인해 보니 다 군생활 안에 포함된다고 해 '할렐루야!' 어찌나 마음이 평안하고 기쁜지 말로 표현할 수 없었습니다(얼마나 무지한 저인지).

3주 동안 군 병원에서 치료받고 군 교회에서 예배드리고 성경을 묵상하며 안식의 시간을 보냈습니다. 하나님이 제 자신을 돌아볼 수 있는 시간과 육체가 쉴 수 있는 시간을 주시니 정말 감사했습니다.

> 여호와는 나의 목자시니 내게 부족함이 없으리로다 그가 나를 푸른 풀밭에 누이시며 쉴 만한 물 가로 인도하시는도다(시 23:1-2).

훈련병이 해야 할 일

1. 동기에게 주일 예배 같이 가도록 권하기
2. 하루에 10분씩 기도하기
3. 성경 읽기(하루에 5장 이상)
4. 감사 일기 쓰기
5. 교관 및 조교 통제 잘 따르기

제2부

이등병

> 지존자의 은밀한 곳에 거주하며
> 전능자의 그늘 아래에 사는자여
> 나는 여호와를 향하여 말하기를 그는 나의 피난처요
> 나의 요새요 내가 의뢰하는 하나님이라 하리니
>
> (시 91:1-2).

3

군대 적응 시기

　군대에는 5대 장성이 있습니다. 준장, 소장, 중장, 대장 그리고 이런 장군급 간부보다 더 힘이 센 '이등별'이 있습니다. 요즘엔 이등병보다 이등별이라고 부릅니다.
　예전에 선임들이 후임들을 훈계할 때 "그러니까 군대 빨리 오지 왜 늦게 와서 고생하냐. 억울하면 빨리 오지 그랬어"라는 말로 후임들의 원망을 많이 산 거로 아는데 요즘에는 "그럴 거면 군대 늦게 오시지 말입니다"라는 말이 생겼다고 합니다.
　소대에 새로 들어온 신입 병사가 있었는데 그 신참은 선임들이 괴롭히면 갑자기 가슴을 부여잡으면서 "악" 소리를 내며 통증을 호소했습니다. 그런데 국군수도병원에서 검진하면 이상이 없었습니다. 나중에 알고 보니 후임은 여기서 나가려고 엄살을 부렸던 것입니다. 아픈 척하는 그 새내기를 누구도 뭐라고 하거나 지적할 수 없었습니다.
　요즘 갈수록 침상 생활관이 아니라 병 생활관으로 바뀌면서 이등병은 더 편해지고 있습니다. 하지만 이등병의 본분이 있습니다. 이등병의 본분은 섬기는 일을 하는 것입니다. 그러나 이등병 때는 걱정, 두려움, 불안한 마음이 많이 앞섭니다. 왜냐하면, 군대에서 하는 것들을 사회에서 많이 경험해 보지 못했기 때문입니다.

하지만 주어진 업무를 열심히 하고 큰 목소리로 대답한다면 이등병 때는 인정받을 수 있게 됩니다. 이등병 때 가장 중요한 것은 내가 하나님의 자녀로서 그리스도의 영광을 나타내는 것입니다.

고린도전서에서는 "먹든지 마시든지 무엇을 하든지 하나님의 영광을 위해 하라"고 말씀합니다(고전 10:31). 세상 사람들은 우리의 모습을 통해 교회와 예수님을 알게 됩니다. 그래서 열심히 안 하는 사람을 보고 "교회 다니는 애들은 이기적이라며 자기 것만 챙기고 열심히 안한다"라는 말을 하는 사람도 있습니다.

믿지 않는 선후임들이 그런 우리의 모습을 보고 교회를 욕한다면 주님 마음이 얼마나 아플까요?

최고가 되는 것이 아니라 우리는 하나님의 영광을 나타내야 합니다.

> 이같이 너희 빛이 사람 앞에 비치게 하여 그들로 너희 착한 행실을 보고 하늘에 계신 너희 아버지께 영광을 돌리게 하라(마 5:16).

훈련소를 수료하고 특수전사령부에서 인사 발령을 기다린 후에 자대 배치를 받게 되었습니다.

'자대 인사 장교는 저에게 특전 부사관 조교를 시킬까', '인사과 행정병을 시킬까', '경비 소대 위병을 시킬까'를 고민했습니다. 그때 저는 제일 편한 인사과 행정병을 하고 싶었습니다(초창기에는 뭐든지 할 수 있을 거 같았는데 훈련소를 지내고 보니 편한 곳이 좋겠다고 생각했고 초심이 사라지게 되었습니다. 왜냐하면, 가기 전에는 뭐든지 할 수 있을 것만 같았지만 막상 들어오니까 생각이 달라지고 의기소침해졌습니다).

하지만 가만히 있었고 마음속으로 기도만 하고 있었습니다.

"인사과 행정병이 하고 싶습니다."

그러나 하나님은 저를 경비 소대로 인도해 주셨습니다. 주위에서 안 좋은 소리가 들렸습니다. 엄청 고생할 거라고, 진짜 힘들 거라고, 힘내라고 다들 격려의 말을 해 주었습니다. '얼마나 힘든 곳이기에 그런 이야기를 나에게 할까'라고 생각했고 잠시 후에 걱정스러운 마음과 함께 경비 소대 생활관으로 가게 되었습니다.

생활관에 들어와서 선임들에게 인사하고 혼자 생활관에 있었습니다. 첫날 선임 한 명이 있길래 물어봤습니다.

"저기 곽 일병님, 이건 어떻게 하는 겁니까?"

나름 정중하게 물어봤습니다. 하지만 그 선임은 저에게 욕을 했습니다.

'엥?

왜 나한테 욕하는 거지?'

아주 당황스러웠습니다. 알고 보니 질문을 해도 되겠냐고 물어보지 않았다고 혼난 것입니다. 혼나고 나서 마음이 굉장히 심란했습니다. 이런 곳에서 1년 반 이상을 생활해야 한다니 …. 절망이 찾아왔습니다.

생활관에 도착해서 2주간 신병 대기 기간이었습니다. 대기 기간 동안 선임들은 저에게 어떤 것도 시키지 않고 편하게 대해 주었습니다. 제가 하고 싶은 대로 일기도 쓰고 성경도 읽고 종교 행사도 가고 2주간 너무 편한 상태였지만 하루가 지난 것처럼 금방 지나갔습니다.

4

배고픈 병사

입대 전에는 배가 고프거나 먹고 싶은 게 있으면 시간에 구애받지 않고 먹을 수 있었습니다. 하지만 군대는 식사 시간이 정해져 있습니다. 병사들은 저녁을 일찍 먹어서 항상 저녁이 되면 배고픕니다. 간식도 많이 없고 계급이 낮을 때는 군대 수퍼(PX) 이용도 쉽지 않습니다. 그래서 항상 저녁만 되면 배에서 꼬르륵꼬르륵 소리가 나고 허기져 있습니다.

이 글을 보는 곰신(고무신의 약칭으로 군대에 애인을 보낸 사람을 가리킴)이나 가족 또는 교회의 청년 공동체에서 간식을 챙겨 주면 힘이 많이 날 것입니다. 특히, 초콜릿이 들어 있는 과자나, 사탕 등 달달한 것이 필수입니다. 같이 군생활하는 생활관 사람들이랑 나눠 먹을 수 있도록 여유 있게 챙겨서 소포로 보내 준다면 군대에 있는 청년이 교회에 대한 소속감도 느끼고 큰 힘이 될 것입니다.

5

성령님이 도우신다

이등병 시절, 하루는 생활관에 앉아 있었습니다. 그날 한 병장 선임이 혼잣말로 이렇게 이야기했습니다.

"오늘 점심 뭐지?"

대부분의 병사가 점심 식단을 외우고 있지 않기에 생활관에 있었던 병사 중 어느 누구도 대답하지 못했습니다. 생활관은 어색하리만큼 조용했습니다. 갑자기 '내가 찾아서 알아봐야겠다'는 생각이 들었습니다.

그래서 저는 화장실 간다고 나와서 숙소 옆 병사 식당에 갔습니다. 그리고 메뉴를 보고 제 머릿속에 복사하기 시작했습니다. 충분히 암기하고 생활관 가기 전에 화장실에 잠깐 들르고 (거짓말하지 않으려고) 다시 생활관으로 들어와서 김 병장 옆으로 다가갔습니다.

"김 병장님, 오늘 점심 국은 무엇이고 반찬은 무엇, 무엇이 있습니다."

저는 조심스럽게 이야기를 했습니다. 점심 메뉴를 알게 된 선임의 얼굴에는 미소가 보였습니다. 나중에 한 선임(첫날 저에게 질문해도 되냐고 물어보지 않고 질문했다고 욕했던 선임)이 그런 모습이 정말 보기 좋았다고 칭찬해 주었습니다. 이야기를 듣는데 얼마나 기쁜지 모릅니다.

여러분, 점심 식사 메뉴를 외우는 게 가혹 행위라고 느껴지시나요?

군대는 사회생활을 배우는 장소입니다. 선임들이 편하도록 도와주고 그들의 적절한 필요를 채워 준다면 그들은 당신을 찾을 것이고 당신은 주위 사람들에게 인정받고 복음을 전하기가 더 쉬워질 것입니다.

> 기쁜 마음으로 섬기기를 주께 하듯 하고 사람들에게 하듯 하지 말라(엡 6:7).

6

이기적인 고참들

군대에는 매 주일에 종교 행사가 있습니다. 우리 부대 교회에는 주일에 예배가 주야로 두 번 있었습니다. 예배를 드리면 좋은 말씀도 들을 수 있고 간식도 먹고 타 소대 병사들과 교류도 할 수 있지만, 우리 소대원들은 예배를 드리지 않았습니다. 교회뿐만 아니라 천주교, 불교 종교 행사에도 참석하지 않았습니다.

소대원 중에는 모태 신앙인 사람도 있고, 할아버지가 교회를 세운 사람도 있고, 어머니가 대형 교회 전도사인 사람도 있지만 어느 누구도 교회에 가지 않았습니다.

왜 그들은 교회에 가지 않았을까요?

그 이유는 소대 안에 악습이 있었기 때문입니다.

종교 활동에 참석하지 못하는 가장 큰 이유는 저녁 8시 30분 정도에 생활관 청소가 있습니다. 저녁 7시에 예배가 시작되고 예배가 끝나고 생활관에 복귀하면 저녁 9시 정도가 됩니다(경비 소대 특성상 주, 야 근무가 매일 있습니다. 그래서 오전 근무를 서고 저녁 예배를 가거나 저녁 근무를 하면 오전 예배를 가야 합니다).

만약에 이등병이 교회에 가서 8시 30분에 청소를 못하게 되면 이등병이 할 일을 선임 중에 한 명이 하게 됩니다. 그걸 이해해 주지 못하는 선임들은 저에게 눈치를 주고 폭언을 했습니다.

"야, 개념이 있냐, 너는 놀러 가고 네 선임은 청소하는 게 말이 돼? 이 XX 개념 XX 없네."

이런 식으로 말입니다. 원래 군대 종교 행사는 병사라면 누구나 참석할 수 있는 권리가 주어집니다. 군법으로도 규정되어 있습니다. 하지만 병사들끼리 제한을 둡니다. 후임들을 위해 희생하고 싶지 않기에 그리고 보상 심리 때문에 이런 일들이 발생합니다.

모태 신앙인 선임들도 다른 선임들과 갈등을 겪고 싶지 않기에 주일에 교회에 가서 예배드리지 않고 생활관을 지킵니다. 한 번, 두 번 예배에 빠지다가 나중에는 있던 신앙마저도 없어지게 됩니다.

저도 이 부분 때문에 1년 정도 고생을 했습니다. 1년 동안 그 눈치와 어려움을 이겨 내느라 힘들었습니다.

이 어려움을 어떻게 이겨 내야 할까요?

별다른 왕도가 없습니다. 지혜롭게 행동하면서 버텨야 합니다. 이 부분에 있어서 주의해야 할 사항이 있습니다. 이겨 낼 때 단지 믿음을 지키려고만 하면 안 됩니다. 이게 무슨 말이냐면 평소에 군생활을 제대로 하지 않고 교회만 가려고 한다면 주위 사람들은 교회에 대한 안 좋은 생각을 더 많이 하게 될 것입니다.

모태 신앙인 후임이 있었습니다. 이 후임은 동네에서 좀 놀다 온 약간 껄렁껄렁한 후임이었습니다. 처음에는 곧잘 하더니 나중에 후임들이 조금씩 생기면서 마음대로 하는 모습을 보였습니다. 규칙을 안 지키기 시작했고 불합리한 것이 아닌데도 선임들의 말에 말대답도 하기 시작했습니다.

저는 군번이 꼬여서 막내 생활을 오래 했지만, 이 후임은 군번이 풀려서 일병인데도 후임이 거의 10명 가까이 있었습니다(군번이 풀렸다는 의미는 일병이어도 밑에 후임이 많아서 일할게 줄어들었다는 의미입니다. 반대로 군번이 꼬였다는 것은 상병, 병장이 되어도 밑에 후임이 없어서 대접을 못받고 잡다한 일을 많이 한다는 의미입니다).

모태 신앙 후임은 모범이 되지 못했고 앞에서 뒤에서 욕을 많이 먹었습니다. 그러다가 나중에 하극상을 일으켰고 다른 소대로 옮겨졌습니다.

평소에 군생활을 제대로 하고 맡겨진 것에 열심히 한다면 교회 가는 것이 이기적인 모습으로만 비치지 않게 됩니다. '쟤는 열심히 하니까 가도 괜찮아'라는 인식으로 교회에 가게 될 것입니다. 본인의 것은 열심히 하지 않고 실리만 챙기려고 하면 하나님의 영광을 가리게 됩니다.

부지런하여 게으르지 말고 열심을 품고 주를 섬기라(롬 12:11).

7

네 주일을 거룩히 지키라

우리 경비 소대에는 담당 소대장이 있습니다. 이 소대장의 별명은 미친 개였고 계급은 중위였습니다(저자가 군대에 있을 때 소대장은 한 번 바뀌었습니다. 이 소대장은 첫 번째 소대장입니다). 이유인즉슨 한 번 이성의 끈을 놓치면 다른 사람 또는 동물처럼 변했습니다.

어느 날 소대장은 우리 소대에 병력이 부족해서 본청 인사과에 우리 소대에 병력을 보내 달라고 요청했습니다. 옆에서 인사 담당관(계급: 원사[진])이 옆에서 자꾸 깐족깐족하고 병력받는 데 방해하니까 소대장은 이성의 끈을 놓치고 그에게 훈계했습니다.

"당신 뭐야, 당신 계급이 뭐야?

왜 옆에서 깐족거리는 거야!!"

인사 담당관 원사가 관등 성명을 했다는(?) 소문까지 있습니다.

그 다혈질 소대장에게 취미가 있습니다. 바로 축구입니다. 축구를 그냥 좋아하는 게 아니라 광적으로 좋아했습니다.

그래서 오후 3시나(원래는 일과 시간이지만 근무 특성상 부대에서 허락을 해 주었음) 저녁에는 날마다 축구를 했습니다. 그래서 소대장편 병사들이 열심히 하지 않거나 게임에서 지게 되면 그 팀은 모여서 소대장의 사랑 넘치는(?) 징계를 받게 되었습니다. 그래서 말년 병장(군 제대가 얼마 남지 않은 병사) 선임들도 엄청나게 뛰어다녔습니다

(축구 경기를 할 때는 말년도 소대장 앞에서는 예외가 없었습니다).

어느 날 주일에 소대장이 부대에 방문해서 축구하자고 했습니다. 저는 오전에는 근무가 있어서 주일 오전 예배에 참석하지 못했고 저녁 예배를 드리려고 했습니다. 축구는 오후 5시 30분쯤에 시작해 6시쯤 되었을 때 저는 '조금만 더 하고 가야지' 생각했지만, 축구는 끝날 기미가 보이지 않았습니다. 시간은 6시 45분이 되었고 저는 '금방 씻고 가면 되니까 조금만 더 해야지'라고 생각했습니다.

그런데 내 마음속에서는 '빨리 가야 하는데, 빨리 가야 하는데'라는 생각과 마음이 계속 있었지만, 축구는 끝날 기미가 보이지 않았습니다.

소대장은 게임이 잘 안 풀려서 같은 팀 소대원들에게 폭언과 화를 냈습니다(소대장에게 엄청 맞은 병장 선임도 있었습니다). 저는 두려웠습니다. 한 번의 선택이 앞으로의 남은 군생활에 큰 영향을 미칠 것이라 생각했고 마음속으로 '주님 오늘만 용서해 주세요. 다음에 꼭 갈게요.' 이렇게 말씀드리고 계속 축구를 했습니다.

'아무 일도 안 생기는구나, 감사합니다'라는 마음으로 축구하고 있었는데 7시가 조금 넘자 이상한 일이 일어났습니다. 축구를 하다가 선임이랑 부딪치게 되었습니다. 제 코와 선임 이마랑 부딪히게 되었고 저는 "빠각" 소리와 함께 쓰러졌습니다. 코에서는 피가 줄줄 흘렀습니다. 쓰러지자마자 저는 마음속으로 회개 기도를 했습니다.

"주님 죄송합니다. 주님 잘못했습니다. 용서해 주세요."

바로 부대 의무실로 가게 되었고 제 코는 골절 판정을 받았습니다.

> 대저 여호와께서 그 사랑하시는 자를 징계하시기를 마치 아비가 그 기뻐하는 아들을 징계함 같이 하시느니라(잠 3:12).

국군수도병원에서 전치 4주 진단을 받았습니다. 저는 주일 예배를 온전히 드리지 못하고 사람을 두려워했던 것을 회개했습니다. '다시는 이런 일이 있으면 안되겠다, 다음에는 절대 타협하면 안되겠다'라고 생각하고 다짐 또 다짐했습니다.

하나님은 사랑하시는 자를 징계하십니다. 만약 제 코가 골절되지 않았더라면 그 이후로도 계속 주일 성수에 대해 자유로웠을 것이고 내가 하고 싶은 대로, 상황따라 자유롭게 신앙생활했을 것입니다. 이점에 있어서 하나님께서 저를 징계해 주시니 감사했습니다.

예전에 TV에서 어떤 연예인이 했던 이야기가 생각납니다. 자신은 모태 신앙이라서 주일만 어기면 죽는 줄 알고 무조건 주일을 사수했다고 합니다. 그런데 어느 날 교회를 한 번 빠지고 나서 아무 일도 안 생겨서 그때부터 신앙생활을 편하게 했다고 합니다.

그 말을 듣는데 마음이 아팠습니다. 하나님은 온전한 주일 성수를 원하십니다. 주일은 예배드리고 기도하며 내 영혼에 필요한 양식을 공급받는 귀한 시간입니다. 주일 성수를 잘 해서 하나님의 마음을 아프게 하지 맙시다.

> 이제 내가 사람들에게 좋게 하랴 사람들에게 기쁨을 구하랴 내가 지금까지 사람들의 기쁨을 구하였다면 그리스도의 종이 아니니라(갈 1:10).

8

서러운 이등병

축구를 하다가 코뼈가 부러진 지 벌써 한 달이 지났습니다. 자대에서 긴장된 생활을 하다가 의무대에서 잠도 푹 자고 성경을 보면서 긴장도 풀어지고 코뼈도 많이 회복되었습니다. 그러면서 세탁, 건조, 신입 환자 입원 안내 등 의무병의 일도 조금씩 도와주었습니다. 그 모습을 본 군의관은 저에게 이렇게 말했습니다.

"장 이병, 의무대에 한 달 더 있어도 돼."

'2달 동안이나 의무대에서 쉬면서 군생활을 하다니!'

생각만 해도 너무 행복했습니다. '그래 최대한 있다가 가자'라는 생각과 함께 기쁨의 미소가 사라지지 않았습니다. 그러나 한 달 동안 유지될 것 같은 미소는 오래가지 못했습니다.

어느 날 저녁, 침대에 누워 있었는데 반갑지 않은 사람 세 사람이 제 앞으로 왔습니다. 소대장과 선임 두 명입니다. 보자마자 경례했습니다.

"단결!"

"오~그래. 용석아 좀 어떠냐?"

"덕분에 많이 좋아졌습니다. 조금 더 쉬면 될 거 같습니다."

"그래?"

소대장의 안색은 좋아 보이지 않았습니다. 소대장은 잠시 골똘히 생각했습니다. 그리고 말문을 열었습니다.

"그래 용석아. 그런데 바로 근무에 투입할 수는 없을까? 너도 알다시피 지금 소대에 사람이 없어서 다들 고생하고 있거든. 용석이가 조금 일찍 오면 좋겠다."

순간 저의 표정은 일그러졌습니다. 표정은 어두웠지만 애써 억지로 웃는 모습을 보여 주었습니다.

"그럼 군의관님이랑 이야기하고 빨리 가도록 하겠습니다."

"그래 알았다. 수고해."

'아, 이럴 수가!'

좌절이 찾아왔습니다. 저의 한 달 안식은 물거품이 되어버렸습니다.

다음날 일어나서 군의관을 찾아갔습니다.

"단결! 군의관님."

"그래 무슨 일이니?"

"많이 회복되어 소대로 복귀하려고 합니다."

"그래, 좀 더 있어도 괜찮은데 무슨 일 있어?"

"아닙니다. 이제 가도 될 거 같습니다."

"그래. 잘 들어가."

"단결! 수고하십시오."

군의관과 대화하면서 솔직한 심정을 말하고 싶었습니다.

"여기 더 있고 싶은데 소대장이 오라고 해서 어쩔 수 없이 가야 합니다.

방법이 없을까요?"

한 달 더 쉬는 것과 앞으로의 군생활의 편리함, 둘 중에 어느 것을 선택해야 할까요?

저는 결국 앞으로의 군생활을 선택했습니다. 그리고 그날 저녁 제 발걸음은 참 무거웠습니다. 소대에 도착해 인사하고 선임들의 얼굴을 보니 내심 좋아하는 눈치였습니다. 왜냐하면, 한 명 더 들어오면 본인들이 더 편해지기 때문입니다. 그리고 안타깝게도 저를 잘 챙겨주었던 두 달 고참 진 상병도 마음의 편지를 쓰고 다른 소대로 가게 되었습니다.

시간이 흘러서 저녁 8시 청소 시간이 되었습니다. 저는 코에 보호대를 끼고 있었고, 병원에 더 있어야 하는데 왔기에 가만히 있었습니다.

선임 한 명이 갑자기 저한테 욕을 하기 시작했습니다.

"야 X발, 너 뭐하냐?"

"이병 장용석.

무슨 말씀이십니까?"

"X발, 너 뭔데 청소 안 하냐?

벼슬 달았어?

코뼈 부러진 게 벼슬이야?"

나쁜 선임들은 자신들이 필요하니까 의무대 와서 와 달라고 할 때는 언제고 다짜고짜 환자를 괴롭히기 시작했습니다.

'아, 열받아.'

표정을 관리하고 코에 있는 보호대를 벗어젖히고, 저는 청소하기 시작했습니다. 먼저 오면 앞으로 군생활에 이점이 있을 줄 알았지만 제 생각은 잘못되었습니다.

'이럴 줄 알았으면 한 달 더 있다가 갈 텐데…. 나쁜 놈들!'

얼마나 서러웠던지 지금도 기억이 생생합니다.

여러분이 만약 분대장이고 선임이라면 관계적으로 접근해야 합니다. 아픈 후임이 있다면 이렇게 이야기하시면 됩니다.

"많이 아팠지?"

"지금은 어떠니?"

"그래 당분간 쉬고, 아프면 의무대 가서 치료받고 오렴."

이렇게 안부를 물어봐 주어야 합니다.

제 선임들처럼 욕하면서 '다친게 벼슬이야' 같은 식으로 말하면 후임은 상처를 받고 전도의 문은 닫히게 될 것입니다.

후임들의 마음을 잘 이해하고 읽어 주어 주님의 사랑을 나타내는 선임이 되시길 축복합니다.

9

이방인 교육생

뜻하지 않게 갑자기 공수 교육에 입교하게 되었습니다. 원래는 더 있다가 들어갈 줄 알았지만, 마지막 교육생으로 추가 입교를 했습니다. 아직도 교육생 번호가 기억이 납니다. 335번.

제가 만약에 추가로 입교하지 않고 미리 입교했다면 외톨이가 되지 않았을 텐데 추가 입교하면서 일면식도 없는 헌병 특수경호대(이하 특경대)와 같이 생활관을 쓰게 되었습니다. 저는 당시 이등병이었고 특경대 입장에선 저는 이방인 교육생이었습니다.

특경대는 일병부터 병장까지 골고루 있었습니다. 생각을 한번 해보시길 바랍니다. 한 생활관에 헌병대 다수의 인원과 저 혼자 있으니 조금 애매했습니다. 그리고 교육생 생활관이라 일반 자대 생활관보다 훨씬 큰 곳입니다. 저는 특경대 병사들의 후임도 아니었는데 저에게 청소를 시키고, 가혹 행위를 하려고 했습니다.

우리 부대 선임들과 함께 생활했다면 편했을 텐데 왜 추가 입교자가 되어서 일면식도 없는 특경대와 같은 생활관을 쓰고 부당한 대우를 받게 되었는지 이해가 되지 않았습니다. 솔직히 화가 났습니다. 부당한 대우 때문에 제가 바보가 된 거 같고, 창피했습니다.

전역 후 기도하는데 갑자기 특경대 사람들에게 받았던 부당한 처우들이 생각났습니다. 마음속 깊은 곳에서 증오와 미움이 솟구쳤습니다. 더 이상 기도에 집중되지 않았고 불편한 감정이 제 마음속에서 빙빙 돌았습니다.

한참을 씨름하다가 제 기도는 분노에서 말씀으로 다시 돌아오게 되었습니다. 그리고 그들을 비판하고 증오했던 마음을 회개하고 예수님의 사랑으로 용서하게 되었습니다.

> 너희가 사람의 잘못을 용서하면 너희 하늘 아버지께서도 너희 잘못을 용서하시려니와 너희가 사람의 잘못을 용서하지 아니하면 너희 아버지께서도 너희 잘못을 용서하지 아니하시리라(마 6:14-15).

10

너희 염려를 다 주께 맡기라

처음에 이야기했던 것처럼 저는 한 예배자 학교에서 강사 목사님의 강의에 은혜를 받아 이곳에 지원하게 되었습니다. 그런데 공수부대에서 군생활을 하려면 높은 곳에서 낙하산을 타야 합니다. 낙하산을 타지 않으면 야전(전방 38선 근처)으로 전출됩니다.

저는 고소공포증이 있습니다. 예전에 서울랜드에서 스카이 엑스라는 놀이기구를 탄 적이 있었는데 그때 뭔지도 모르고 탔지만 다시는 타고 싶지 않았습니다.

특전병에 합격하고 입대 3개월 정도가 남았을 때부터 제 안에 공포가 자라나기 시작했고 저를 짓눌렀습니다.

'내가 과연 할 수 있을까?'

'그냥 포기할까?'

두려움과 여러 가지 생각들이 3개월 동안 지속되었습니다. 이것을 극복하기 위해 기도를 시작했습니다.

성령 충만하면 두렵지 않았지만, 성령 충만하지 않을 때 두려움이 저를 감싸기 시작했습니다.

'낙하산은 어떻게 해야 할까?'

이미 주위 사람들에게는 군대 간다고 다 얘기했고 낙하산 때문에 그 부대 가는 걸 포기했다고 말하는 것은 제 자존심이 허락하지 않앉습니다. 혼자 끙끙 앓았지만, 시간이 멈춰있지 않았습니다. 시간이 흘러서 낙하산 교육(강하 교육)을 받을 차례가 되었습니다.

'으아….'

답이 정말 안 나왔습니다.

"낙하산 안 타고 이 부대에 있을 방법은 없을까요?"

주님께 간절히 기도했습니다.

그러나 주님은 제가 낙하산을 타기를 원하셨습니다. 강하는 수백 미터 되는 높이에서 하는 것입니다. 강하*는 자신의 의지로 뛰는 것입니다. 높은 곳에 서 있자 밑에 있는 사람들은 개미처럼 보이고 부대가 한눈에 보였습니다. 두려움이 저를 엄습했지만 저는 주님만 의지할 수밖에 없었습니다.

"주님 뛰어내리게 해 주세요. 주님 담대함을 주세요."

간절히 기도하고 또 기도했습니다. 왜냐하면, 제 힘으로는 할 수 없었기 때문입니다. 얼굴은 괜찮아 보이지만 제 마음속에서는 수많은 갈등이 싸우고 있었습니다.

'너는 못 해. 포기해.'

'아니야 할 수 있어. 주님이 함께하셔.'

마지막 335번, 제 차례가 되었습니다. 교관이 짧고 굵게 "뛰어"라고 이야기했고 그 말소리와 함께 저의 몸이 자동으로 뛰어나가 버렸습니다. 저는 뛸 의지가 없었습니다.

하지만 신기하게 몸이 앞으로 나가는 게 아닙니까?

주님이 저의 몸을 붙들어 주셨습니다. 한 번 경험하고 나니까 무섭지 않았습니다. 앞의 교육생들은 비행기도 타고 기구도 탔지만 저

---

* 높은 곳에서 뛰어내린다는 뜻의 용어

는 공수 교육 동안 기구밖에 못 탔습니다. 비행기에서 뛰지 못한 것은 안타까웠지만 시원한 바람을 맞으며 천천히 내려오는 느낌은 상쾌했습니다. 낙하산 타다가 발목이 부러진 사람도 봤습니다. 하지만 저는 다치지 않았고 안전하게 낙하산 교육을 마치게 되었습니다.

저는 염려했지만 주님은 저를 보호하시고 인도해 주셨습니다. 저는 고소공포증이 있어서 도망치고 싶었습니다. 제 힘으로는 할 수 없었습니다. 하지만 주님이 저를 붙잡아 주셔서 전역할 때까지 수차례의 낙하산을 탔는데 한 번도 다치지 않고 무사히 낙하했습니다 정말 모든 것이 하나님의 은혜였습니다. 주님이 낙하산도 펼쳐 주셨고 저를 보호하셨습니다.

여러분이 하나님의 도우심을 바라고 그분의 능력을 체험하기 원하시면 단순하게 주님을 의지하고 나아가면 됩니다. 그러면 주께서 책임지시고 돌봐 주십니다.

너희 염려를 다 주께 맡기라 이는 그가 너희를 돌보심이라(벧전 5:7).

11

세상의 빛과 소금이 되는 이등병

"야, 교회 다니는 애가 그러면 되냐?"

저는 군대에 있을 때 이런 말을 듣는 것이 너무 싫었습니다. 그래서 내무생활에는 책잡힐 게 없도록 철저하게 준비했습니다.

기상 시간 5분 전에 일어나서 머릿속으로 아침 조회 전까지 해야 할 일들을 시뮬레이션했습니다. 일어나자마자 양말 신고 전투복 입고 침구류 정리 그리고 선임들 침구류 정리하는 것을 도와주었습니다. 항상 경례를 열심히 했습니다.

그중에 제일 힘들었던 것은 야간경계 근무 시 기상하는 것이었습니다. 새벽 1-2시 사이에 일어나는 것은 저에게 큰 곤욕이었습니다. 처음에는 너무 힘들었지만 하다 보니 나름 노하우가 생겼습니다.

노하우 〉〉〉〉〉

1. 자기 전, 항상 "주님 저 좀 깨워 주세요"라고 기도하고 잡니다.
2. 자기 전, 물을 많이 마시고 잡니다. 화장실 가고 싶기 때문에 잘 일어나게 됩니다.
3. 긴장을 많이 하고 잡니다.
4. 2번 초(야간 경계 근무 두 번째 근무 타임)일 경우 피곤하지만 잠자지 않고 기다립니다. 이런 방법으로 못 일어나는 것을 방지했습니다.

'중간만 가면 되지 뭘 그렇게까지'라고 생각할 수도 있습니다.

그런데 가장 중요한 것은 우리는 하나님의 자녀입니다. 세상 사람들은 여러분의 행동을 통해 교회와 예수님을 평가합니다.

만약에 열심히 안 하다가 선임에게 걸려 "교회 다니는 놈들도 똑같네"라는 말을 듣게 되면 우리 주님이 얼마나 마음이 아프실까요?

믿지 않는 사람들은 우리를 통해 교회가 어떤 곳인지 간접적으로 알게 됩니다. 그래서 우리는 먹든지 마시든지 무엇을 하든지 그리스도의 영광을 위해 사는 하나님의 군사가 되어야 합니다.

> 그런즉 너희가 먹든지 마시든지 무엇을 하든지 다 하나님의 영광을 위하여 하라
> (고전 10:31).

이등병이 해야 할 일

1. 용기 내어 주일 예배 참석하기
2. 하루 10분 기도하기
3. 감사 일기 쓰기
4. 성경 읽기
5. 맞선임과 좋은 관계 맺기
6. 맡은 업무 잘 숙지하기
7. 십일조 하기

제3부

일병

항상 기뻐하라
쉬지 말고 기도하라
범사에 감사하라
이것이 그리스도 예수 안에서
너희를 향하신 하나님의 뜻이니라
(살전 5:16-18).

일병: 일하는 병사

일병이 되면 군대 업무가 적응되어 이등병 때보다 수월해집니다. 하지만 새로운 업무가 주어집니다. 이등병 후임들을 관리하고 호봉이 올라갈수록 선임과 후임을 중재하는 일을 합니다.

일병이 인정받는 법 〉〉〉〉〉
1. 자신만 잘하는 게 아니라 다른 사람을 챙깁니다(후임과 동기).
2. 선임들을 칭찬하고 동기와 후임을 격려하고 위로합니다.
3. 요령 피우지 말고 맡은 임무에 충실합니다(아직 편해질 때가 아닙니다).

일병 일기(2008년 6월 3일)

오늘은 뒤숭숭한 날이다. 김 분대장이 총 가지고 장난치다가 실수로 후임 목에다 총을 쐈다. 총소리 때문에 다들 깜짝 놀랐고 소대는 비상이었다.

총 맞은 정 상병은 너무 뜨거운 나머지 침을 질질 흘리며 고통스러워했다. 그나마 다행히도 공포탄이어서 목에 화상만 입게 되었다. 만약 실탄이었다면 생각하기도 싫을 정도로 아찔한 상황이 발생했을 것이다.

이 일로 우리 소대 이미지는 안 좋게 되고 당직 간부는 징계를 받았고 분대장은 영창을 가게 되었다.

소대의 분위기가 좋지 않다. '조심하고 열심히 해야지.'

다친 정 상병이 속히 낫기를 소망한다.

12

후임들에게 뒤통수 맞다(하극상)

저는 이등병 시절 약 두 달 정도를 군 병원에서 보냈습니다(폐렴과 코 골절). 그래서 이등병 생활이 남들보다 적었습니다. 많이 쉬어서 좋긴 하지만 대신에 그만큼의 대가가 있었습니다. 대가는 바로 부대 업무에서 나타났습니다.

제 밑으로 맞후임(2개월 차이) 네 명이 들어왔습니다. 제가 2개월 선임이었지만 병원에 오래 있어서 후임들이 내무생활이나 부대 업무에서 저랑 동등한 위치거나 그 이상이었습니다. 아마 후임들이 저보다 더 잘 알았고 더 잘했을 것입니다.

그래서 이러면 안되겠다는 생각이 들어 엄청 열심히 했습니다(제 인생에서 가장 열심히 한 때가 아니었나라는 생각이 듭니다). 근무에 필요한 수칙 정보 외우고 군생활을 섭렵하기 시작했습니다(이때처럼 공부했다면 제가 원하는 대학은 어디든지 갔을 거라 생각됩니다).

여러 가지가 있었지만 첫 번째로는 내무생활이었습니다. 기상 시간보다 5분에서 10분 전에 일어나서 미리 준비하고 있었습니다(일어나자마자 생활관 불을 켜고 침상 정리, 전투복 환복, 선임들 침구류 정리하는 것 도와줌). 소대에서 가장 빨리 환복(활동복에서 전투복으로 갈아있는 것)하고 기상 준비를 했습니다.

그리고 날마다 생활관 및 근무지 청소를 했습니다(깨끗해도 수시로 청소했습니다). 쓰레기통을 비우고 생활관 청소, 침상 정리, 건조한 곳에 물뿌리기, 선임들 담배피는 곳 재떨이 비우기, 재떨이 깨끗이 씻기, 담뱃재 떨어진 거 빗자루로 쓸기 그리고 시간날 때 모포 및 매트리스 건조시키기 등등.

항상 근면 성실하고 열심히 하고자 노력했습니다. 그래서 선임들한테도 인정받기 시작했습니다.

그런데 문제가 생겼습니다. 어느 날 낙하산을 타고 맞후임 두 명이랑 업무상 어디를 가고 있었습니다. 그런데 후임 두 명이 저를 무시하고 따로 갔습니다. 계속 후임들을 불렀는데 대답도 없고 모른척하길래 속으로 '이 자식들이 미쳤구나'라는 생각이 들어서 뛰어가서 따라잡은 다음에 엄청 뭐라고 한 기억이 있었습니다.

그런데 그들도 그렇게 행동한 이유가 있었습니다. 왜냐하면, 저는 후임들에게 뒤따라 잡힐지도 모르겠다는 생각 때문에 엄청 열심히 했었는데 후임들이 저 때문에 선임들한테 욕을 많이 먹었습니다.

"야, 쟤는 저렇게 빨리하고 열심히 하는데 니네 후임들은 뭐하냐?" "빨리 안 해? 안 뛰냐?"

이런 이야기를 많이 들었습니다. 제가 그들을 위로하고 격려해 줘야 하는데 그 부분을 미처 신경쓰지 못했습니다. 저만 살려고 노력했습니다. 후임들의 하극상 때문에 화가 나긴 했지만 한 가지를 깨달았습니다.

'군생활은 나만 잘하는 것이 아니라 같이 가는 것이구나!'

이때부터 후임들을 생각하게 되었습니다.

13

칭찬은 선임도 춤추게 한다

　군대는 윗사람과 아랫사람의 개념이 확실히 구분되어 있는 곳입니다. 이 정글 같은 곳에서 살아남기 위해서는 바로 선임들과 좋은 관계를 맺어야 합니다. 좋은 관계를 맺는 법에는 여러 가지 방법이 있겠지만 이번 부분에서는 말로 좋은 관계를 맺는 법 몇 가지를 알려 주겠습니다.

　선임들에게는 장점과 단점이 있습니다. 저도 군생활 할때는 대부분 선임들의 단점이 부각되어 보였습니다. 그러나 선임들의 마음을 얻기 위해서 그들의 장점을 칭찬하기 시작했습니다(거짓말로 칭찬하는게 아니라 아무리 이상한 선임도 자세히 관찰하면 칭찬할 부분이 눈꼽만큼 있습니다. 그 부분을 칭찬하면 됩니다).

　예를 들면, 어떤 선임이 일과 후에 부대 헬스장에서 헬스를 하고 왔습니다(아시겠지만 남성들은 운동하고 오면 거울을 많이 봅니다. 근육이 커져 있는 모습을 보면 뿌듯하기 때문입니다). 그러면 이렇게 칭찬을 했습니다.

　"누구누구 상병님, 몸이 좋으십니다. 저번보다 근육이 더 커지신 거 같습니다."

　어떤 선임은 패션에 관심이 많아서 전투복도 자신에게 맞게 줄여 입었습니다(저는 전투복을 돈 주고 세탁소에서 줄이는 것을 이해하지 못합니다). 아무튼 그런 선임에게는 이렇게 말했습니다.

"누구누구 병장님, 병장님은 패션 센스가 있으십니다. 전투복 핏이 살아있습니다."

노래를 잘하는 선임에게는 또 이렇게 말했습니다.

"누구누구 상병님, 아까 들어보니까 노래 진짜 잘하십니다. 가수하셔도 될 거 같습니다. 가수 하시면 음반은 제가 꼭 사겠습니다."

처음에는 힘들 수 있는데 그들의 장점이 보일 때마다 칭찬하면 나중에 인정받을 수 있고 군생활이 편해질 것입니다.

주의 사항이 있습니다. 칭찬을 거짓말로는 하지 말아야 합니다. 그 사람의 장점이 느껴진 것만 칭찬해야 합니다. **그리고 절대로 주의해야 될 사항이 있는데 단점을 이야기하면 안 됩니다.** 단점을 이야기하면 군생활이 꼬일 각오를 해야 합니다.

경우에 합당한 말은 아로새긴 은 쟁반에 금 사과니라(잠 25:11).

14

모세가 손을 들면 이스라엘이 이기고
손을 내리면 아말렉이 이기더니

군대에서 항상 습관적으로 하던 것 중에 하나가 바로 취침 전 기도입니다. 저는 입대 전에는 항상 취침 전에 기도했습니다. 그러나 자대에서 하는 취침 전 기도는 많이 어색했습니다. 기도할 때 그런 생각이 들었습니다.

'다른 사람들이 나를 이상하게 생각하면 어떡하지?'
'기도하다가 선임이 나를 부르면 어떻하지?'
이런 생각이 저를 괴롭혔습니다.

하지만 취침 전 5분에서 10분 기도가 다음날 저의 하루 컨디션과 삶을 다르게 해 주었습니다. 정말 기도를 많이 못했는데도 성령님의 도우심으로 아침마다 새로운 은혜가 느껴졌습니다.

군대 가기 전에는 하루에 1시간 이상씩 기도했는데 이곳에서는 1시간은커녕 30분, 20분도 못했습니다. 그래서 자기 전에 항상 사회에서 신앙생활 했던 교회와 담임 목사님을 위해, 우리 가족을 위해, 소대의 복음화를 위해 꾸준히 기도했습니다.

어느 날은 너무 피곤하고 무서운 고참들이 근처에 자고 있어서 다 자면 기도해야지 하다가 잠들어 기도를 못한 적도 있었습니다. 그러면 다음날 저의 컨디션은 좋지 않았습니다. 안 좋은 일이 생기거나 내가 충만하지 못했기에 하루가 너무 힘들었습니다.

　이것을 통해 주님께서는 자기 전에 기도하는 습관을 만들어 주셨습니다. 날마다 조금씩이라도 기도하는 습관을 만들어 주신 주님께 감사드립니다.

　출애굽기 17장에서 이스라엘과 아말렉과의 르비딤 전투에서 모세가 손을 들면 이스라엘이 이기고 손을 내리면 아말렉이 이겼습니다. 기도는 전쟁도 이길 수 있는 능력이 있습니다. 이처럼 군생활에 있어서 취침 전 기도와 기상 전 기도는 저에게 큰 힘과 유익이 되었습니다.

　이등병, 일병 때는 하루에 10-15분 기도했지만 고참이 되면서 저의 기도 시간은 점점 더 늘어났습니다. 기도하면서 주님과 교제하면 마음이 평안하고 기쁨이 넘쳐서 어려운 상황 속에서 이겨 낼 수가 있었습니다.

　여러분도 항상 기상 전과 취침 전에 꼭 기도하셔서 힘난한 군생활, 앞날을 예측할 수 없는 군생활을 주님께 맡기시길 바랍니다. 맡기면 주님이 책임져 주십니다.

> 나는 너희를 위하여 기도하기를 쉬는 죄를 여호와 앞에 결단코 범하지 아니하고 선하고 의로운 길을 너희에게 가르칠 것인즉(삼상 12:23).

15

방백들을 의지하지 말고 도울 힘이 없는 인생도 의지하지 말지니

군생활을 하면서 좋은 선임 나쁜 선임을 구별하게 되었습니다. 좋은 선임과 군업무를 볼 때는 마음이 편했습니다. 반대로 힘들게 하는 선임들은 함께하기 싫었습니다(누구나 마찬가지일 것입니다). 그들은 저를 정신적으로 육체적으로 너무 힘들게 했습니다. 폭언, 욕설, 가혹 행위(심지어 구타를 당한 선임도 있었습니다) 등등 안 좋은 것들을 많이 당했습니다.

반면에 착한 선임들은 저의 부탁도 많이 들어주었고 마음 편하게 쉴 수 있도록 배려해 주었습니다. 그래서 근무표를 보고 편한 선임이랑 근무하게 되면 '에이 이사람은 나한테 뭐라고 하는 사람이 아니니까'라는 안일한 생각으로 마음을 놓게 되었고 기도하지 않고 선임을 의지하기 시작했습니다.

그러던 어느 날, 착한 선임이랑 근무를 서게 되는데 그 착한 선임이 갑자기 저에게 폭언과 욕설을 하기 시작했습니다. 얼마나 당황스러운지 십 년이 지난 지금도 그때 기억이 생생합니다. 그 욕설을 들으면서 깨달았습니다.

'아, 내가 하나님께 기도하지 않았지. 착한 선임들이 나를 편하게 해 주어서 하나님을 의지하지도 않고 선임들만 의지했구나!'

그리고 저는 회개했습니다.

"주님, 기도하지 않아서 죄송합니다."

다시 기도하기 시작했습니다. 신기한 것은 기도 후에 그 착한 선임들이 저에게 쓸데없이 폭언 욕설을 하지 않았습니다.

사사 시대 이후 이스라엘 백성들은 왕을 세우길 원했습니다. 르호보암왕 이후 남 유다 왕들은 우상 숭배와 많은 죄악을 범했고 하나님을 경외하지 않았습니다. 그냥 개인적 죄뿐만 아니라 국가적 죄를 저질렀습니다.

그 죄 때문에 마음이 아프신 하나님은 이스라엘 백성들을 징계하기 시작하셨습니다. 모압, 암몬, 앗수르 다양한 주변 국가를 사용해서 약탈, 침략을 당해 식민지가 되는 등 이스라엘은 많은 연단을 받았습니다.

그 결과, 그들은 외부의 공격 때문에 하나님께 다시 기도하게 되었고 그 기도가 하늘에 상달되었습니다. 주님은 사사를 세우셨고 이스라엘이 말도 안 되는 상황에서 이기는 기적을 체험하게 하셨습니다.

하나님은 사랑하는 자를 징계하십니다. 하나님이 원하시는 길로 가도록 하기 위해 징계하십니다.

> 주께서 그 사랑하시는 자를 징계하시고 그가 받아들이시는 아들마다 채찍질하심이라(히 12:6)

징계를 통해 회개한 이스라엘 백성들은 다시 하나님의 은혜로 존귀한 나라가 되었습니다. 주님은 회개한 그들에게 평안을 주었습니다.

구약성경 사사기에는 이스라엘 백성의 '죄 ⇒ 징계 ⇒ 회개 ⇒ 용서 ⇒ 회복'의 반복적 순환이 나타납니다. 사람은 자신의 상황이 편해지면 하나님을 의지하지 않는 경향이 있습니다.

제가 바로 그런 경우였습니다. 마음이 편해지니까, 편하니까, 기도가 나오지 않더라구요. 저에게 이런 상황을 주신 하나님께 감사드립니다. 나의 모든 것과 나의 체질과 성향을 아시는 주님이 이런 환경까지도 만들어 주신 것입니다.

이것을 통하여 오직 주님밖에 의지할 분이 없다는 것을 알게 해주셔서 감사합니다. 여러분 모든 상황 속에서 주님만 의지하시길 바랍니다.

> 귀인들을 의지하지 말며 도울 힘이 없는 인생도 의지하지 말지니 그의 호흡이 끊어지면 흙으로 돌아가서 그 날에 그의 생각이 소멸하리로다 야곱의 하나님을 자기의 도움으로 삼으며 여호와 자기 하나님에게 자기의 소망을 두는 자는 복이 있도다(시 146:3-5).

16

먹든지 마시든지 무엇을 하든지
주님의 영광을 위하여 하라

이등병 때부터 제 주위 선임 병사들은 3대째 크리스천도 있었고 친척 중에 예수님을 믿는 사람들이 많았습니다. 하지만 그들은 다 교회에 나가지 않았습니다. 선임들은 종교에 대한 관심도 크게 없었습니다. 그들의 관심은 '여자', '여자 아이돌', '자기 관리'(헬스), '휴가 때 어떤 클럽을 가서 이성을 만날까', '최대한 민간인처럼 보일려고 어떻게 머리를 하고 어떤 옷을 입을까'에 있었습니다.

그들 주위에도 크리스천이 있었지만 그들은 이렇게 이야기합니다.

"교회 다니는 사람들의 안 좋은 모습 때문에 실망을 하게 되었다."

특히, 한 선임의 경우에는 할아버지가 장로님이고 교회도 세우고 신앙생활을 열심히 했다고 합니다. 그러나 재산 문제 때문에 교회 다니는 가족들이 싸우는 것을 보고 정나미가 떨어졌다고 합니다.

여러분, 우리의 행동이 굉장히 중요합니다. 자녀를 보면 그 부모의 모습을 알 수 있듯이 제 모습이 바로 예수님의 모습을 나타내기 때문에 저는 부담을 느꼈습니다.

많은 그리스도인 중에 예수님을 사랑한다면서 자기중심대로 사는 사람들을 많이 보았습니다. 하나님 편이 되는 것이 아니라 하나님을 나의 편으로 만들려는 어린아이와 같은 신앙을 하는 사람들이었습니다. 그들의 입은 예수님을 사랑한다고 고백하지만 세상 사람의 눈에는 그렇게 비쳐지지 않습니다. '교회도 똑같다', '교회도 다르지 않다'며 이기적 기독교라고 생각할 뿐입니다.

저도 군생활을 제대로 안 하면서 주일에 교회 가려고만 하면 선임들도 안 좋게 생각할 것이라는 것을 알고 있었습니다. 그래서 최선을 다해 하나님의 영광을 위해서 열심히 했습니다. 거의 1년 동안은 평일에 4시간 정도 잔 거 같습니다.

주일 예배 가려고 별짓을 다 했습니다. 날마다 소대 전체를 청소했으며 시간이 있을 때마다 분리 수거하고 청소하고 취침 전에는 최고참부터 한 명씩 한 명씩 마사지를 해 주었습니다.

한두 명이 아니었기에 힘들고 고단했습니다. 하지만 주일 예배 드리려고 열심히 노력했습니다. 남들보다 더 연습(제식이나 기타 필요한 것들)하고 외우고 크리스천으로서 인정받으려고 노력을 많이 했습니다. 왜냐하면, 그들에게 예수 믿는 사람이 이렇구나 알 수 있게 해 주기 때문입니다.

예전에 믿음의 선배님들을 보면 교회 장로, 교회 집사라고 하면 은행에서 대출까지 해 주었다는 이야기를 들었습니다.

하지만 오늘날은 어떨까요?

집사 직분 받은 사람이 사기 치고 회사 돈을 횡령하고 장로가 사기치고 범죄를 일으켜서 교회의 권위가 바닥에 떨어지고 말았습니다. 세상은 교회에 대해 실망하고 있습니다. 그래서 "교회다니는 XX들이 도둑질을 한다"는 말을 많이 듣습니다.

이런 이야기를 듣는 주님은 마음이 얼마나 아프실까요?

하나님의 자녀들이 그렇게 할 때 주님은 마음이 너무 아프십니다. 그 정도로 날라리 크리스천들이 많이 생겼다는 것을 알 수 있습니다. 지인 회사에도 회사의 돈을 관리하는 경리분이 교회 집사였습니다. 그런데 그 집사가 회사 돈을 몰래 몰래 가져가다가 걸렸습니다. 교회다닌다고 해서 믿었는데 뒤통수 맞았다는 말을 들었을 때, 제 마음이 너무 아팠습니다.

하물며 우리 주님은 얼마나 마음이 아프셨을까요?

우리를 위해 십자가에서 모든 죄를 담당하시고 죽으시고 부활하신 분인데, 우리의 허물 때문에 돌아가셨는데….

여러분, 우리의 인생은 잠시 잠깐 스쳐 지나가는 나그네와 같습니다. 그 인생 가운데에서 우리가 주님의 영광을 나타내기 위해 먹든지 마시든지 무엇을 하든지 다 주님의 영광을 위해 한다면 주님이 너무 기뻐하실 것입니다.

> 그런즉 너희가 먹든지 마시든지 무엇을 하든지 다 하나님의 영광을 위하여 하라 (고전 10:31).

17

사람을 기쁘게 하랴 하나님을 기쁘게 하랴

앞서 읽으신 것처럼 우리 소대에는 문제가 많았습니다. 그래서 제 맞후임 네 명 중에 한 명은 힘들다고 소원 수리(마음의 편지)를 적고 다른 소대로 갔습니다. 인력을 보충해 주어도 괴롭혀서 다른 곳으로 가는 일이 종종 있기에 인사과에서는 우리 소대에 병력을 더 이상 보내 주지 않았습니다. 그래서 저와 맞선임, 후임들이 고생을 많이 했습니다.

우리 소대는 특성상 정 후문 두 개의 문을 지키는데 인원이 부족해서 야간 경계 근무 때만 다른 소대에서 우리에게 지원 병력을 보내 주었습니다.

어느 날 저는 정 상병과 같이 야간 경계 근무를 서고 막사로 복귀했습니다. 경계 근무는 항상 선임들의 이야기를 듣는 시간이었습니다. 선임들의 세상 이야기를 그렇게 듣고 싶진 않았지만 선임을 존중하는 마음으로 들었습니다.

근무 후 복장을 해체하고 잠들기 전에 정 상병은 저에게 악한 제안을 했습니다(그 당시 저는 한참 선임들에게 잘 보이고 크리스천으로 인정받고 싶어서 업무를 엄청 열심히 했었습니다. 살면서 그렇게 열심히 한 적은 거의 없었던 거 같습니다).

정 상병은 저보다 9개월 선임이었습니다. 제 옆에는 타부대에서 근무를 도와주기 위해 파견 온 후임이 있었는데 후임의 이마에 딱밤을 때리라 지시했습니다. 엄청 고민이 되었습니다. 이 딱밤을 치면 저는 고참에게 인정을 받게 되고 고참과 더 친해지는 귀한 기회가 될 것입니다. '그렇지만 나는 크리스천인데 이것을 해도 될까'라는 마음이 있었습니다.

그러나 저는 선임의 기쁨이 되기를 선택했습니다. 후임의 딱밤을 때리고 바로 자는 척했고 웃음이 나왔지만 참았습니다. 딱밤 맞은 후임도 깊이 잠들었는지 깨지도 않고 조금 뒤척이는 것 같더니 잠들었습니다. 저는 마음속으로 '할렐루야 주님 감사합니다. 안 깨게 해 주시니 감사합니다'라고 마음속으로 쾌재를 불렀습니다.

잠시 후 정 상병은 저에게 한 번 더 후임 이마에 딱밤을 때리라고 지시했습니다. 저는 거절할 수 있었지만 이왕 이렇게 된 거 한 번 더 후임의 이마에 딱밤을 때렸습니다. 때리자마자 자는 척했고 후임이 아무런 반응도 안 보이길래 저는 마음속으로 후임이 맞았는데도 깨어나지 않게 해 주셔서 감사하다고 기도하고 잤습니다.

며칠이 지났고 그때 일은 까마득히 잊고 있었습니다. 며칠 후 경계 근무하는 날에 제가 딱밤을 때린 후임이랑 같이 근무하게 되었습니다. 그런데 그 후임의 표정이 좋지 않았습니다. 이런저런 지시를 했는데 저에게 지나치게 부정적 태도를 보였습니다.

"야, 너 왜그래?"

그 후임은 말을 하지 않았습니다.

"야, 선임이 얘기하는데 왜 대답이 없냐?"

그러자 그 후임은 저에게 한마디 했습니다.

"장 일병님, 저 그때 깨어 있었습니다."

그 말을 듣고 너무 창피한 나머지 저는 쥐구멍에라도 숨고 싶었습니다. 그렇게 얼굴이 화끈거릴 수 없었습니다. 그러고 나서 저는 그 후임에게 용서를 구했습니다.

"미안해. 내가 잘못했어."

다행히 관계가 잘 회복되었지만 이 일을 계기로 하나님은 저에게 '그리스도인은 하나님의 기쁨이 되어야 한다. 사람을 기쁘게 하려고 악을 행하면 안된다'는 깨달음을 주셨습니다.

우리가 잘못했을 때 내가 선임이라서 끝까지 사과 안 하고 버티기보다는 솔직하게 사과하는 것이 아름다운 덕을 세웁니다.

> 이제 내가 사람들에게 좋게 하랴 하나님께 좋게 하랴 사람들에게 기쁨을 구하랴 내가 지금까지 사람들의 기쁨을 구하였다면 그리스도의 종이 아니니라(갈 1:10).

18

용서하는 그리스도인

폐쇄된 장소에서 2년 정도를 지내면서 부대끼다 보니 별의별 일이 생기는 곳이 군대입니다. 계급을 이용해 부조리를 저지르는 선임들을 보면 사랑할 수가 없습니다. 욕과 저주만 나옵니다. 이론적으로 아는 말씀들을 삶에서 적용하는 훈련을 군대에서 하게 되었습니다.

그리스도인은 내가 느끼는 대로 사는 것이 아니라 하나님의 말씀으로 살아야 된다는 이야기를 많이 듣습니다. 이론은 우리가 알지만 그렇게 살기란 정말 쉽지 않습니다.

성경은 이렇게 말씀합니다.

> 너희가 사람의 잘못을 용서하면 너희 하늘 아버지께서도 너희 잘못을 용서하시려니와 너희가 사람의 잘못을 용서하지 아니하면 너희 아버지께서도 너희 잘못을 용서하지 아니하시리라(마 6:14-15).

군생활을 하다 보면 별의별 사람들이 다 있고 제 마음을 찢어 놓는 사람, 폭언, 욕설을 달고 사는 사람, 사랑할 수 없는 사람들 천지입니다. 그런데 나중에 돌아보니까 그 사람들은 하나님이 저를 하나님의 사람으로 다듬고 만들기 위한 도구였습니다.

"이렇게 억울하고 난처한 상황 속에서도 네가 나를 의지하니?"
"네가 정말 나를 사랑하느냐?"
"지식적 사랑이 아니라 마음으로 사랑하니?"
"아들아 너를 핍박하는 저 사람을 용서할 수 있니?"

제 신앙을 점검해 볼 수 있는 시간이었습니다. 선임 중에서 제 볼에 뽀뽀하고 강제로 껴안는 정신 이상자 같은 선임도 있었습니다.

사람의 생각으로는 절대로 이해할 수 없는 선임들을 용서해야 하늘 아버지의 용서를 우리도 받을 수 있습니다. 혹시 마음에 원망하고 미워하는 사람이 있다면 예수 그리스도의 사랑으로 용서하시고 백성들에게 버림받고 채찍질 당하신 예수님을 깊이 묵상해 보시길 바랍니다.

단, 한 번에 용서되는 사람도 있지만 용서해도 용서해도 계속 증오의 대상이 되는 경우도 있습니다. 아마 상처의 크기에 따라 용서의 속도가 결정될 것입니다.

어느 날 베드로가 예수님께 나아와 궁금한 것을 여쭤 봅니다.

> 주여 형제가 내게 죄를 범하면 몇 번이나 용서하여 주리이까 일곱 번까지 하오리이까?(마 18:21).

예수님이 이렇게 대답하십니다.

> 네게 이르노니 일곱 번뿐 아니라 일곱 번을 일흔 번까지라도 할지니라(마 18:22).

한 번 용서해서 안되면 또 해 보고 또 해 봅니다. 완벽주의 성향이 있는 분들은 한 번에 용서가 안되고 빨리 용서가 안되어 죄책감을 느낄지도 모릅니다. 하지만 끊임없는 용서를 통해 우리는 자신을 자유하게 할 수 있습니다.

용서의 과정이 쉽지 않을 수 있고 그 당시의 상처를 다시 떠올려야 하기에 괴로울 수 있습니다. 그리고 내가 가해자를 용서했지만 가해자의 변하지 않는 모습을 보면 분노가 찰 때도 있습니다. 하지만 용서할 때, 우리는 주님의 마음을 알 수 있고, 자유함을 얻을 수 있습니다.

> 너희가 각각 마음으로부터 형제를 용서하지 아니하면 나의 하늘 아버지께서도 너희에게 이와 같이 하시리라(마 18:35).

19

원수를 사랑하며
너희를 박해하는 자를 위하여 기도하라 (1)

군생활 중에 위기가 많았지만 사람 때문에 크게 힘든 적이 두 번 있었습니다.

그중 한 명은 저를 많이 힘들게 했던 1년 3개월 고참 박 병장이었습니다. 제가 열심히 하든지 어떻게 하든지 항상 박 병장의 눈빛은 저를 경멸하는 눈으로 쳐다봤습니다. 솔직히 말하면 쓰레기 보듯 저를 쳐다봤습니다. 저는 그 눈빛이 느껴졌지만 하나님의 은혜로 이겨 내고 있었습니다. 특히, 저 혼자 교회 가는 것에 불만이 많았습니다.

"이등병 XX가 어딜 가냐. 미X 거 아니야?"

이런 말을 자주했고 주일에 교회에 다녀오면 안 좋은 분위기 연출하는 것은 물론이고 폭언, 욕설도 서슴치 않았습니다. 하루 이틀은 괜찮았는데 시간이 지나면서 저의 정신과 육체가 점점 지치고 힘들었습니다. 스트레스가 너무 커지자 극단적 생각까지 하게 되었습니다.

'소대원 모두 잘 때 박 병장 얼굴에 아령을 던질까?'

몰래 아령을 박 병장 얼굴에 던지고 싶었습니다. 던지고 모른 척 자고 싶었습니다. 그런데 제가 그리스도인이라는 양심 때문에 이러지도 저러지도 못했습니다.

그러던 어느 날 무거운 마음을 가지고 기도했습니다.

군인 신분으로 기도를 얼마나 할 수 있을까요?

그냥 무릎 꿇고 속으로, 가슴속으로 울면서 기도했습니다.

"하나님. 박 병장을 죽여 버리고 싶습니다. 너무 힘듭니다. 어떻게 해야 할지 모르겠습니다. 아령을 얼굴에 던지고 싶습니다."

제 마음속에서 똑같은 말씀이 계속 생각났습니다.

"네 원수를 네 몸과 같이 사랑하라. 원수를 네 몸과 같이 사랑하라."

"주님, 제발 사랑할 수 있도록 도와주세요. 저는 사랑할 수 없습니다. 저는 복수하고 싶습니다. 제발 도와주세요."

울면서 기도했습니다. 제가 원하는 하나님의 음성이 아니어서 마음이 편하지 않았습니다. 제가 원하는 음성은 "내가 원수를 갚아 주마. 두려워하지 말라. 담대하라"였습니다. 아무튼 그렇게 흐느끼다 잠들었습니다.

다음날 박 병장이 변화되는 기적은 없었습니다. 그냥 '모르겠다'라는 생각과 함께 체념하면서 지냈습니다. 며칠 후 근무를 서고 있는데 뜻밖의 일이 벌어졌습니다. 박 병장이 소대원들과 축구하다가 다쳐서 십자 인대가 파열되었다는 소식이 들렸습니다.

저는 그 소식을 들었을 때 '샘통이다. 심은 대로 거두었네'라는 생각이 들지 않았고, 기쁘지 않았습니다. 다친 그를 위해 기도했습니다. 그가 다시는 운동을 못할 수도 있다는 이야기를 들었습니다. 그는 장기간 우리 소대에서 떠나게 되었고 의무대와 국군수도병원에 입원해 치료에 전념했습니다.

주님이 도와주셔서 악을 악으로 갚지 않도록 은혜를 베풀어 주셨고 박 병장의 눈살에서 벗어나 교회를 편하게 다닐 수 있도록 도와 주셨습니다. 교회를 갈 수 있는 환경을 열어 주심에 감사드립니다.

창세기 37장에 등장하는 요셉은 형들에게 버림받고 애굽의 노예로 팔리게 되었습니다. 애굽에 도착해서 그는 바로의 신하 친위대장 보디발의 집에서 노예 생활을 시작했습니다. 자유는 박탈당하고 일하고 자고 먹는 삶을 살게 됩니다.

아버지 야곱의 모든 사랑과 총애를 받았던 요셉은 밑바닥부터 시작했습니다. 그는 13년 동안 노예와 죄수의 신분으로 살았습니다. 그에게 사춘기는 사치스러운 것이었습니다. 만약에 일반 사람이 13년 동안 억울하게 노예 생활과 죄수 생활을 했다면 정신병이 걸렸을 것이고 복수의 칼을 갈았을 것입니다.

"나가기만 해 봐라. 복수할 거야."

보디발의 아내는 준수하고 건강한 요셉을 계속 유혹했습니다. 그는 노예였지만 죄가 될 행동은 하지 않았습니다. 그러자 보디발의 아내는 자신의 유혹에 응하지 않는 요셉을 모함했고 억울하게 죄수가 되었습니다. 요셉은 하나님의 은혜로 바로의 꿈 해몽을 잘해 나중에 애굽의 2인자가 됩니다.

애굽과 그 일대에 심각한 가뭄이 들어서 주변 나라 사람이 흉년을 대비한 애굽에 찾아와서 음식을 구했습니다. 어느 날 요셉의 눈에 한 무리의 남자들이 들어옵니다.

어디서 많이 본 듯한 사람들이 양식을 구하고 있는 게 아닙니까? 바로 자신을 애굽으로 팔아 버린 이복형들이었습니다. 요셉은 한눈에 알아봤지만 형들은 요셉을 알아보지 못했습니다. 자신을 팔아 버린 원수를 13년 만에 다시 만나게 되었습니다. 이제 요셉은 갑의 위치에, 형들은 을의 위치에 있습니다.

원수를 외나무 다리에서 만났을 때 여러분은 어떻게 하시겠습니까?

요셉은 처음에 신분을 숨겼지만 나중에는 형들에게 이렇게 말합니다.

> 요셉이 형들에게 이르되 내게로 가까이 오소서 그들이 가까이 가니 이르되 나는 당신들의 아우 요셉이니 당신들이 애굽에 판 자라 당신들이 나를 이 곳에 팔았다고 해서 근심하지 마소서 한탄하지 마소서 하나님이 생명을 구원하시려고 나를 당신들보다 먼저 보내셨나이다 이 땅에 이 년 동안 흉년이 들었으나 아직 오 년은 밭갈이도 못하고 추수도 못할지라 하나님이 큰 구원으로 당신들의 생명을 보존하고 당신들의 후손을 세상에 두시려고 나를 당신들보다 먼저 보내셨나니 그런즉 나를 이리로 보낸 이는 당신들이 아니요 하나님이시라 하나님이 나를 바로에게 아버지로 삼으시고 그 온 집의 주로 삼으시며 애굽 온 땅의 통치자로 삼으셨나이다(창 45:4-8).

보통의 사람이라면 감옥에 가두거나 해를 입혔을 것입니다. 그런데 요셉은 이복 형들을 용서했고 아버지 야곱과 가족들이 애굽에 살도록 자리를 마련해 주었고 형들의 일자리까지 해결해 주었습니다.

다친 박 병장은 국군수도병원에서 치료를 받고 결국, 다시 소대로 돌아왔습니다. 이곳에서 고생했으니 나갈 때 병원이 아니라 이곳에서 후임들에게 도열받으며 전역하고 싶어 보호 기구를 착용하고 생활했습니다.

저를 많이 괴롭혔던 원수였던 선임이지만 주님의 도우심으로 용서하고 품자 다친 그를 긍휼히 여기게 되었습니다. 그가 주님을 만나서 하나님과 동행하는 자녀가 되길 기도합니다.

> 네 원수가 넘어질 때에 즐거워하지 말며 그가 엎드러질 때에 마음에 기뻐하지 말라 여호와께서 이것을 보시고 기뻐하지 아니하사 그의 진노를 그에게서 옮기실까 두려우니라(잠 24:17-18).

20

원수를 사랑하며
너희를 박해하는 자를 위하여 기도하라 (2)

박 병장이 전역한 후에 평안이 찾아왔습니다. 날마다 그리스도인으로서 열심히 군생활을 했고 특별히 저에게 심하게 뭐라고 하는 선임들도 없었습니다. 모르겠습니다. 그 당시에는 있을 수도 있겠지만 시간이 많이 지나서인지 이 두 사건이 가장 생각이 납니다.

어느 날 입초에서 근무를 서고 있었습니다. 같이 근무하는 6개월 고참인 김 병장이 근무 중에 말을 걸었습니다. 저에게 메추리알이 먹고 싶다고 합니다. 충성 클럽에서 파는 1000원도 안 하는 메추리알입니다. 그래서 저는 그러려니 했고 '장난치는구나'라고 생각했습니다. 갑자기 사달라고 막 조르기 시작했습니다. 저는 웃으면서 안 된다고 말했습니다.

그러자 김 병장은 한 3시간 동안 저를 괴롭히기 시작했습니다. 마치 요셉을 알지 못하는 애굽의 새 임금이 이스라엘 백성들을 괴롭힌 것처럼. 원래 안 그랬는데 갑자기 저에게 폭언을 해서 많이 당황했습니다. 기분이 굉장히 상하고 안 좋았는데 하루가 아니라 그날을 기점으로 계속 저를 집중적으로 괴롭히기 시작했습니다.

먼저 저를 괴롭혔던 박 병장은 군생활도 잘하고 평판이 좋았는데 김 병장은 군생활도 못한 일명 폐급이었습니다(군대에서는 군생활 못하는 사람을 폐급이라고 표현합니다). 그런 사람에게 괴롭힘을 당하니까 기분이 너무 안 좋았습니다. 군생활을 잘한 사람이 뭐라 해도 기분이 나쁜데, 군생활을 저보다 못한 사람이 갑자기 메추리알 하나 안 사준다고 갈구니까 엄청 짜증이 났습니다. 하루 이틀 지나면서 갈수록 심해졌고 선, 후임이 있는 자리에서도 저를 괴롭혔습니다. 저는 굉장히 창피했고 수치스러웠습니다.

김 병장은 키도 저보다 20센티미터는 작고 싸워도 그냥 이길 거 같았습니다. 정신적으로 너무 괴롭고 마음이 힘들다 보니 육체도 점점 힘들어졌습니다. 그날 저녁 무거운 마음을 하나님께 털어놓으며 기도했습니다. 또 저번처럼 그 말씀이 생각났습니다.

"원수를 사랑하라. 원수를 사랑하라."

김 병장을 패고 싶었지만 이번에도 기도하는데 눈물이 났습니다.

"주님 저는 못 사랑하겠습니다. 사랑할 수 있도록 도와주세요."

가슴속으로 울면서 기도했습니다. 그러다 지쳐 잠들었습니다.

그 후 3일 뒤 신기한 일이 생겼습니다. 수년이 지난 지금도 생생합니다. 그날은 야간 불침번 첫 번째 근무자가 밖에서 야간 경계 근무를 서고 있었고 김 병장이 두 번째 근무, 저는 세 번째 근무였습니다.

1번초 근무 설 때 김 병장이 배고파서 치킨을 시켜 먹으려고 핸드폰을 몰래 정문에서 가져오려고 했습니다(10시 이후에 근무지를 이탈하거나 외부 음식 반입은 절대 안되는 금기 사항입니다. 그리고 이 당시 병사가 휴대폰을 소지하고 있는 것은 금지 사항입니다).

우리 근무지는 후문이었는데 정문까지 빨리 걸으면 15분 정도 걸렸습니다. 그래서 상황 근무자(김 병장보다 후임)한테 뒷문을 열어 놓으라 했고 김 병장은 몰래 뒷문으로 나가 정문에 가서 치킨 결제를 위한 카드를 가지러 갔습니다.

그 사이에 갑자기 위병 부사관이 들어왔고 내무실에 병사가 잘 있는지 체크하기 시작했습니다(위병 부사관은 자주 근무서는 부사관인데 저녁 10시 이후에 병사를 체크한 적은 없었습니다). 그리고 한 명이 없다는 것을 알아차렸고 병사들에게 물어봤습니다.

"애 어디 갔니?"

아무도 대답을 못했습니다. 한 병사가 이렇게 이야기했습니다.

"화장실에 간 거 같습니다."

위병 부사관은 바로 화장실로 갔고 김 병장을 찾았지만 그곳에서도 발견하지 못했습니다.

"이 자식이 어디갔지?"

생활관 뒷문이 열린 것을 알아차리고 바로 상황실에 보고했습니다. 즉시 본부근무대에서 5분 대기조가 출동했습니다. 부대는 비상이 걸렸습니다. 위병부사관은 마음을 졸였습니다.

군대에서는 저녁 10시 이후 자기가 있는 숙소를 이탈할 수가 없습니다. 그런 사실을 알고도 김 병장이 치킨을 몰래 시켜 먹으려고 이탈했습니다. 김 병장은 카드를 챙기고 후문으로 오는 길에 5분 대기조에게 잡혔고 곧바로 군 헌병대에 끌려갔습니다.

헌병대 조사를 받고 다시 소대에 복귀했습니다. 그때 김 병장보다 2개월 고참 분대장이 사람들이 다 있는 곳에서 김 병장에게 이렇게 이야기했습니다.

"야 XX새끼야, 니 때문에 우리 소대 이미지가 X신 되었는데 이제 앞으로 입X치고 지내라고. 너 그리고 이제 용석이한테 암말도 하지 마라."

그 말을 듣는 순간 제 마음 속에 여러 가지 마음이 교차했습니다.
'하나님이 원수를 갚아주셨구나!'

저는 저를 핍박했던 두 선임을 신고할 수 있는 기회가 참 많이 있었습니다. 왜냐하면, 헌병대에 같이 운동하는 동생이 있어서 자주 찾아가면서 헌병 대장과 조사 계장 간부들과도 안면이 있었습니다. 그래서 마음만 먹으면 언제든지 올라가서 헌병 대장이나 조사 계장한테 상담을 받을 수 있었습니다.

신고할 수 있는 기회가 많았지만 왠지 제 입으로 말하고 싶지 않았습니다. 하나님을 의지했습니다. 하나님께 기도했습니다. 왜냐하면, 그분은 살아계시기 때문입니다. 사람이 계획하면 사람이 일하지만 하나님께 기도하면 하나님이 일하십니다. 하나님의 역사하심을 체험하니 너무 감사했습니다.

많은 사람이 하나님을 믿지만 그분께 모든 것을 맡기지 않는 모습을 종종 보게 됩니다. 자기가 해 보고 이리저리 시도해 보다가 결국, 모든 것이 안되었을 때 하나님께 나오게 됩니다. 스가랴 4:6에 "인간의 힘으로도 안 되고 능으로도 안 되고 여호와의 신으로 된다"는 말씀이 있습니다.

여러분, 하나님께 기도하십시오. 그분이 책임져 주시고 그분의 뜻대로 가장 좋은 길로 인도하시는 신실하신 하나님이십니다.

> 내 사랑하는 자들아 너희가 친히 원수를 갚지 말고 하나님의 진노하심에 맡기라 기록되었으되 원수 갚는 것이 내게 있으니 내가 갚으리라 주께서 말씀하시니라 네 원수가 주리거든 먹이고 목마르거든 마시게 하라 그리함으로 네가 숯불을 그 머리에 쌓아 놓으리라 악에게 지지 말고 선으로 악을 이기라 (롬 12:19-21).

21

사람이 그 길을 계획할지라도 인도하시는 분은 하나님 (1)

일병 때 저의 스트레스는 최고조였습니다. 어려운 상황을 하소연할 수 있는 곳도 없었습니다. 누군가에게 털어놓다가 말이 돌아서 선임들의 귀에 들어가면 안 그래도 힘든 군생활이 더 힘들어 질게 뻔하기 때문입니다. 마음이 답답할 따름이었습니다.

하나님의 사람 다윗에게는 그를 이해해 줄 수 있는 친구 요나단이라도 있었지만 저한테는 그 흔한 동기 하나 우리 소대에서는 찾아볼 수가 없었습니다. 그래서 항상 자유를 찾아서 다른 곳으로 가고 싶었습니다. 자존심이 강해서 마음의 편지는 쓰고 싶지 않았습니다.

'이곳에서 합법적으로 나갈 수 있는 방법이 없을까' 생각하고 고민하다가 정당한 방법으로 나갈 수 있는 방법을 찾았습니다. 그건 파병이었습니다. 제가 군복무할 당시에는 이라크(자이툰부대)와 레바논(평화유지단)으로 한창 파병 가는 시기였습니다.

우리 부대 안에는 파병 준비단(파병 가기 전에 파병 군인들을 관리하고 지원해 주는 곳)이 있습니다. 파병을 갔다 오면 군인에게 많은 보상이 주어집니다. 24박 25일 휴가에 생명 수당을 포함해서 1000만 원 정도 돈을 번다고 하니 그 소식을 들은 저는 눈과 귀가 번쩍 뜨였습니다. 월급이 10만 원도 안되기에 좋은 기회라고 생각했습니다.

아직 지원도 안 했는데 파병 갈 생각만 하면 기분이 너무 좋았습니다. 힘든 군생활 가운데 유일한 소망이었으며 자주 파병 장소에 있는 상상을 했고 갔다 와서 24박 25일의 휴가를 즐기는 상상을 했습니다.

어느 날 날을 잡아서 선임들 몰래 파병 교육 지원대에 가서 지원을 해야겠다고 생각했습니다. 그런데 군대는 혼자 다닐 기회가 많이 없습니다(자살 위험이 있으므로 최소 2인 1조로 다닙니다).

우연히 좋은 기회로 파병 교육 지원대에 가게 되었습니다. 행정실에 들어가서 "단결! 경비 소대 일병입니다. 파병교육지원대에 용무 있어서 왔습니다"라고 인사하고 그곳에 있는 파병 담당 장교와 이야기를 나눴습니다.

저의 지원 의사를 잘 전달했지만 이럴 수가…. 이번 파병 기수부터 토익 점수가 반영된다고 합니다. 저번 기수에 왔다면 지원이 가능했지만 지원자가 너무 많아져 이번 기수부터는 토익이 반영되었다는 것입니다(토익이 반영되는 주특기가 있고 안 되는 병과가 있는데 이번 기수부터 제 주특기는 토익 점수를 반영한다는 이야기입니다).

이야기를 듣는 순간 절망을 느꼈습니다. 경비 소대에서 도망치고 싶었고 받은 수당으로 주님께 헌금도 하고 좋은 일에 쓰고 싶었는데 제 원대로 되지 않았습니다.

> 사람이 마음으로 자기의 길을 계획할지라도 그의 걸음을 인도하시는 이는 여호와시니라 (잠 16:9).

22

사람이 그 길을 계획할지라도
인도하시는 분은 하나님 (2)

저는 군 입대 전에 산에서 21일 작정 산기도를 했습니다. 작정기도 목록이 몇 가지 있었는데 그 중의 하나가 군종병이 되는 것이었습니다. 입대 전부터 주위 사람들에게서 군종병이 얼마나 좋고 혜택이 많은 지를 많이 들었던 저는 군종병이 너무 하고 싶었습니다.

군생활이 점점 지나갈수록 저의 영혼이 피폐해지고 있다는 것을 느끼고 있었고 제가 있는 경비 소대를 탈출하고 싶은 마음이 굴뚝같았습니다. 마치 출애굽 하는 것처럼…. 그래서 하나님께 간절하게 기도했습니다.

"주님, 군종병이 되고 싶습니다. 도와주세요. 길을 열어 주세요."

그러던 어느 날 2008년 10월 말쯤 주간 근무를 서고 있었습니다. 군 교회 군종병 형이 제가 근무하는 곳으로 왔습니다.

'저 형이 왠일로 왔지?'

'손님이 오시나' 생각했습니다. 그리고 잠깐 쉬는 시간에 같이 이야기를 했습니다. 군종병 형은 좋은 소식을 저에게 알려 주었습니다.

"장 일병, 군종 목사님이 차기 군종병으로 널 생각하고 계셔."

이 말을 듣는 순간 그동안 침체되고 굳어진 마음이 부드러워지면서 제 안에 기쁨이 넘치길 시작했습니다.

'할렐루야. 하나님은 살아계시다!'

얼마나 기뻤던지 말로 표현할 수 없었습니다. 기분은 너무 좋았지만 한편으로 의아한 부분이 있었습니다. 저는 군대 교회에서 봉사를 한 번도 한 적이 없는데 제가 차기 군종병으로 선택된 이유가 궁금했습니다. 솔직히 전 군대 교회에서 신우회 활동도 거의 못 했고 봉사도 못 했고 예배밖에 드리지 못 했습니다.

저는 조 병장에게 물었습니다.

"그런데 조 병장님, 저는 교회에서 봉사도 못 하고 예배만 간신히 오는데 제가 왜 군종병 후보자가 된 겁니까?"

"너네 소대 소문 안 좋은거 다 아는데 그렇게 어려운 상황에서 교회 나오는 모습을 보고 목사님이 너를 선택하셨어."

"할렐루야! 하나님 감사합니다."

계속 언급하지만, 그 당시 이야기를 들었을 때 저의 마음은 무엇과도 비교할 수가 없었습니다. 그리고 군종병 형은 저에게 비밀로 하자고 이야기했고 저는 알겠다고 했습니다. 그 누구에게도 이야기하지 않았습니다. 군종병 형은 저에게 주기적으로 진행 과정을 상세하게 이야기 해 주었습니다.

그러던 12월 어느 날, 후문에서 야간 경계 근무를 서는데 근무 투입 전 점호 후 갑자기 선임 중에 한 명이 저에게 말을 걸었습니다.

"야! 너 다른 데 가냐?"

그래서 전 모른 척했습니다.

"무슨 말씀이십니까?"

"너 교회 군종 가냐?"

그 이후로 저는 말을 잇지 못했습니다. 1시간 동안 폭언과 욕설을 들었습니다. 선임들은 "개독 개독"이라면서 교회 다니는 새끼들은 의리가 없다고 저와 군종 목사님을 욕했습니다. 저는 미안한 표정을 지으면서 속으로는 이렇게 생각했습니다.

'조금 있으면 갈 거니까 조금만 참자. 조금만 참자.'

12월 말에서 1월 초쯤 군종으로 가기로 되어 있었습니다. 인사 장교, 본부 근무 대장, 지인 원사 등등 많은 간부가 군종병으로 이동하는 것을 도와주었습니다. 저는 역사하시는 하나님께 정말 감사했습니다.

'조금만 있으면 된다. 조금만 기다리면 마음껏 자유롭게 신앙생활 할 수 있다.'

시간이 지나면서 모든 일이 99퍼센트 정도 진행되었습니다. 우리 소대장은 저를 보면서 안타깝게 이야기했습니다. 하지만 저는 기분이 너무 좋았습니다. 이제 군종병이 되면 교회에서 자유롭게 기도할 수 있고 간식도 먹고 신우회 활동도 할 수 있었기에 제 안에서 긍정적인 생각들이 샘솟기 시작했습니다.

"난 가리라. 오 영광. 난 가리라, 멀잖아. 할렐루야. 그때에 난 가리라!"

이 찬양을 마음속으로 부르면서 기분이 말로 표현할 수 없을 정도로 좋았습니다. 이제 군종병 갈 일이 얼마 남지 않았고 많은 군 간부님이 천사처럼 도와주고 있었습니다.

"와우! 이제 짐 쌀 일만 남았다."

그러던 어느 날 군종병 형이 찾아왔습니다.

"너 군종되는 거 아쉽지만 안 됐어."
'헐, 이게 무슨 일이지?'
"조 병장님, 혹시 왜 안되었는지 알 수 있습니까?"
"너네 소대장이 너 보내지 말라고 울었대. 그래서 너가 못 가게 되었어."

정말 어처구니가 없는 이유였습니다. 이유를 듣는 순간 제 안에서는 소대장님에 대한 원망과 불평이 막 쏟아지기 시작했습니다.

'소대장이 평소에 잘해 준 것도 없고 좋은 관계도 아니었고, 부임해서 온 지 몇 개월 안 된 사람인데 이게 뭐지?'

너무 화가 나고 허탈했습니다. 하나님을 원망했습니다.
"주님, 뭐가 주님의 뜻입니까?"
화난 상태에서 계속 이야기했습니다.

"이것이 주님 뜻입니까?"
"제가 기도하는 게 그렇게 싫으세요?"
"제가 거기 군종병 가면 기도도 더 많이 할 수 있고 교회에 대한 선한 영향력을 끼칠 수 있어서 좋을 텐데 왜 저한테 이러세요?"

나는 불평하기 시작했고 2주 동안 아무것도 하고 싶지 않았습니다. 의욕도 없고 모든 것이 허무했습니다.
'뭐지?'
'성경에 믿고 구한 것은 받은 줄로 믿으라고 하셨는데 믿고 구했는데 왜 이런 지경이 된 걸까?'
참 어처구니가 없었습니다.

하지만 이 과정에서도 하나님의 뜻이 있었습니다. 그 뜻을 나중에 알게 되었습니다. 이 부분을 마지막 병장 파트에 기록하겠습니다. 하나님이 어떻게 역사하셨는지, 어떻게 부대에서 전무후무한 사건의 주인공이 제가 되게 하셨는지를 ….

> 사람이 마음으로 자기의 길을 계획할지라도 그의 걸음을 인도하시는 이는 여호와시니라는 말씀이 있다(잠 16:9).

하나님의 뜻과 내 뜻은 하늘과 땅 차이입니다. 하나님의 뜻과 저의 뜻이 일치되는 경우도 있겠지만 그렇지 않을 때도 있습니다. 그런데 사람은 자신이 계획한 대로 이루어지지 않을 때 얼마나 많이 실망하는지 모릅니다. 산을 바라보아야 하는데 눈앞에 꽃이 아름답다 생각해 하나님이 주실 산을 바라보지 못하는 것과 비슷합니다.

하지만 하나님은 괜히 저를 군종병으로 안 보내신 게 아니었습니다. 하나님의 깊은 뜻이 있었습니다. 그 사건을 통해 저는 하나님은 정말 하나님의 자녀를 사랑하시고 좋은 길로 인도해 주신다는 것을 깨닫게 되었습니다. 그 길을 인도하시는 하나님께 감사하고 찬양합니다.

할렐루야!

23

성추행당하다

일병 때는 안 그랬지만 상병이 된 후 후임들을 성추행하던 선임이 한 명 있었습니다. 윤 상병은 고참이 되기 전에는 성추행을 전혀 할거 같지 않았던 사람인데 고참이 되면서 후임들을 성추행하기 시작했습니다.

윤 상병은 후임들 껴안기는 물론 입술에 뽀뽀까지 했고 어느 날 후임들의 성기를 잡고 고통스러워 하는 모습을 즐기기까지 했습니다. 어느 날 윤 상병이 저에게 성추행을 하려고 했습니다.

"야, 너 일로 와 봐."

"왜 그러십니까?"

그러면서 팔을 벌리는 제스쳐를 취했습니다(팔을 벌리면 다가가서 안아 주어야 됩니다. 만약에 안아 주지 않으면 괴롭히기 시작했습니다).

"아, 싫습니다."

"X발, 너 안오면 니 밑으로 다 갈궈 버린다."

이런 식으로 괴롭혔습니다. 지금 생각하면 참 어이가 없고 웃음이 나는 행동입니다. 그냥 헌병대 가서 신고해 버리면 되는데 뭐 때문에 참았는지 모르겠습니다. 그래서 저와 맞선후임은 오랫동안 성추행을 당했습니다.

특히, 귀엽게 생긴 맞후임은 자주 당했습니다. 제 키가 180이 넘는데 160센티미터 되는 조그만 사람에게 추행당하니 굴욕적이고 수치스러웠습니다.

여러분 혹시 군대에서 성추행을 당한다면 어떻게 조치해야 될까요?

요즘에 뉴스에 보니까 군대 내 성추행 사건이 자주 나옵니다.

제가 했던 것처럼 무조건 참아야 될까요?

저처럼 참지 말고 바로 신고하시길 바랍니다. 헌병대 먼저 가지 마시고 먼저 분대장 그리고 소대장에게 보고하고 그래도 조치가 취해지지 않는다면 헌병대에 가서 신고하시길 바랍니다. 더 이상 병사들이 수치심이나 상처를 받는 일이 없도록 조치하시길 바랍니다.

 일병이 해야 할 일

1. 주일 예배 드리기
2. 후임들 괴롭히지 않기
3. 일주일에 한 번씩 후임 격려하기
4. 일주일에 한 번 선임에게 칭찬하기
5. 적응이 느린 후임에게 욕하지 않기
6. 하루에 15분 이상 기도하기
7. 성경 읽기(하루 5장 이상)
8. 감사 일기 쓰기
9. 십일조 하기

제4부

상병

여호와께 감사하고 그의 이름을 불러 아뢰며
그가 하는 일을 만민 중에 알게 할지어다
그에게 노래하며 그를 찬양하며
그의 모든 기이한 일들을 말할지어다
그의 거룩한 이름을 자랑하라
여호와를 구하는 자들은 마음이 즐거울지로다
(시 15:1-3).

상병: 고참과 후임을 중재하는 계급

상병 일기(2월 8일 주일)

주일인 오늘은 외부 단체에서 교회를 섬기러 온다. '방황하는 친구들에게'라는 선교팀이다. 찬양 듣고 은혜받고 돌아왔다. 목 일병과 교회에 함께 갔다. 오늘따라 목 일병이 아파한다.

"목 일병, 왜 그래?"

"어디 아픈 데 있어?"

최 상병한테 산에서 맞았다고 한다. 이야기를 듣고 마음이 아팠다. 최 상병은 나하고 군생활을 같이 한 맞선임이다. 그래서 더 속상했다.

'최 상병은 왜 그랬을까?

예전에 고참들에게 당했던 보상 심리 때문에 그런 것일까?

어떻게 해야 될지 모르겠다.'

"주님, 이 상황에서 어떻게 해야 될지 잘 모르겠습니다. 경비 소대가 주님을 섬기는 곳이 되게 해 주시옵소서. 폭력과 어둠이 떠나가게 해 주시옵소서."

상병이 되면 희망과 소망이 생깁니다. 이제 반을 했으니 조금만 더 하면 집에 갈 수 있다는 생각 때문입니다. 저는 군번 줄이 꼬여서 (군번 줄이 꼬인다는 의미는 계급은 높아졌지만 위에 선임이 많아서 계급에 맞는 대접을 못 받는다는 의미입니다) 상병 3-4개월까지 침상 청소를 했습니다. 부대의 상황에 따라 다르지만 위에 선임이 없으면 금방 분대장도 될 수 있습니다.

일반적으로 상병 정도 되면 병 상호 간의 규제가 풀립니다. 우리 소대는 혼자 PX나 사이버 지식 정보방을 이용하려면 상병 정도는 되야 갈 수 있었습니다(부대마다 다릅니다).

이때부터 생긴 자유로 자기 시간이 확보되어 전보다 더 많이 기도할 수 있습니다. 계급이 올라갈수록 경건 생활에 더 많은 시간을 쏟을 수 있습니다.

그리고 이때부터 이등병이나 일병 중에 제가 전역하면 대신 복음을 전하고 소대를 위해 기도할 수 있는 일꾼을 봐두어야 합니다. 그래서 그 후임에게 함께 예배드리며 군복음화에 대한 비전을 심어 주고 그 후임을 위해 기도해 주어야 합니다.

그리고 다른 소대나 타 단위대 사람들과 관계를 맺을 수 있습니다. 관계가 잘 형성되면 전도하는 데 큰 도움이 됩니다. 우리 소대뿐만 아니라 타소대에 군 복음화에 대한 마음이 있는 사람들과 연합하며 기도회나 모임을 만들어서 전략적으로 진행해야 합니다.

병사들끼리 하는 것보단 군종 목사님이나 아니면 군대 교회에서 열정 있고 헌신적인 직업 군인 성도님을 세워야 합니다. 이 부분도 기도하면서 하나님이 원하시는 분을 잘 세우길 바랍니다.

출애굽한 이스라엘 백성 약 200만 명 정도 되는 인원을 모세 혼자서 이끌었습니다.

열 명도 힘든데 200만 명을 인도한 모세는 얼마나 힘들었을까요? 그렇게 힘든 모세에게 장인 이드로가 찾아왔습니다.

이튿날 모세가 백성을 재판하느라고 앉아 있고 백성은 아침부터 저녁까지 모세 곁에 서 있는지라 모세의 장인이 모세가 백성에게 행하는 모든 일을 보고 이르되 네가 이 백성에게 행하는 이 일이 어찌 됨이냐 어찌하여 네가 홀로 앉아 있고 백성은 아침부터 저녁까지 네 곁에 서 있느냐 모세가 그의 장인에게 대답하되 백성이 하나님께 물으려고 내게로 옴이라 그들이 일이 있으면 내게로 오나니 내가 그 양쪽을 재판하여 하나님의 율례와 법도를 알게 하나이다 모세의 장인이 그에게 이르되 네가 하는 것이 옳지 못하도다 너와 또 너와 함께 한 이 백성이 필경 기력이 쇠하리니 이 일이 네게 너무 중함이라 네가 혼자 할 수 없으리라 이제 내 말을 들으라 내가 네게 방침을 가르치리니 하나님이 너와 함께 계실지로다 너는 하나님 앞에서 그 백성을 위하여 그 사건들을 하나님께 가져오며 그들에게 율례와 법도를 가르쳐서 마땅히 갈 길과 할 일을 그들에게 보이고 너는 또 온 백성 가운데서 능력 있는 사람들 곧 하나님을 두려워하며 진실하며 불의한 이익을 미워하는 자를 살펴서 백성 위에 세워 천부장과 백부장과 오십부장과 십부장을 삼아 그들이때를 따라 백성을 재판하게 하라 큰 일은 모두 네게 가져갈 것이요 작은 일은 모두 그들이 스스로 재판할 것이니 그리하면 그들이 너와 함께 담당할 것인즉 일이 네게 쉬우리라 네가 만일 이 일을 하고 하나님도 네게 허락하시면 네가 이 일을 감당하고 이 모든 백성도 자기 곳으로 평안히 가리라 이에 모세가 자기 장인의 말을 듣고 그 모든 말대로 하여 모세가 이스라엘 무리 중에서 능력 있는 사람들을 택하여 그들을 백성의 우두머리 곧 천부장과 백부장과 오십부장과 십부장을 삼매 그들이때를 따라 백성을 재판하되 어려운 일은 모세에게 가져오고 모든 작은 일은 스스로 재판하더라 (출 18:13-26).

혼자서 일하는 리더는 지혜로운 리더가 아닙니다. 혼자서 일하는 리더는 금방 영적으로 체력적으로 탈진할 수 있습니다.

여의도순복음교회를 개척한 조용기 목사님도 교회가 부흥하고 목사님 혼자서 수많은 성도를 돌보기가 너무 벅찼습니다. 그때 성령님의 인도하심으로 구역장을 만들었고 구역장 덕분에 조용기 목사님은 말씀과 기도에 더 전념할 수 있었습니다.

지혜로운 리더는 자신을 대신할 리더를 잘 세웁니다. 자신이 군종병이면 다른 병사들과의 연합을 통해 리더 병사를 잘 세워야 하며 만약에 군종병이 아니라면 부대 신우회에 들어가서 군종병과 교회 출석하는 간부 가족들과 군종 목사님과 좋은 관계를 만들고 연합해야 합니다.

그리고 훈련소 기간을 통해서 군인의 기본 자세를 배우는 것처럼 전도하면서 영혼의 영적 성장을 위해 무엇을 해야 하는지 기도하면서 군종 목사님과 함께 씨름해야 할 필요가 있습니다.

혹시라도 주위에서 이 거룩한 운동인 군 복음화에 동참해 주지 않는다고 해도 너무 낙심하지 마시길 바랍니다. 주님이 당신과 함께하시기 때문입니다. 주님은 잃어버린 양을 위해 이 땅에 오셨습니다. 그분께 맡기고 기도하면 놀라운 역사가 나타날 것입니다.

24

망막이 찢어지다

군생활하는 어느 날부터 눈이 따끔따끔하기 시작했습니다.
'왜 이렇게 눈이 따끔따끔하지?'
'무슨 문제라도 생겼나?'
'입대 전에 했던 라섹수술이 잘못되었나?'
이런 생각까지 했습니다.

그러던 4월 포상 휴가로 나가면서 라섹 수술을 한 병원을 방문했습니다. 의사 선생님이 눈을 검사하더니 제 망막이 찢어졌다고 합니다. 그래서 레이저로 시술을 받았습니다. 찢어진 망막이 치유되었습니다. 저는 곰곰이 생각해 봤습니다.

'왜 나의 망막이 찢어졌을까?'

생각해 보니 제가 군대에서 눈으로 지은 죄들이 생각났습니다. 선임들은 휴가 복귀할 때 「맥심」이라는 잡지를 사 옵니다. 잡지 안에 등장하는 여자들과 성적인 글을 보면서 음란한 마음과 생각을 품었습니다.

> 또한 너는 청년의 정욕을 피하고 주를 깨끗한 마음으로 부르는 자들과 함께 의와 믿음과 사랑과 화평을 따르라(딤후 2:22).

이 죄로 저의 망막을 찢어 주시고 다시 한번 깨닫게 해 주신 하나님께 감사합니다.

여러분, 군대와 같이 폐쇄적 공간에서는 더 이성을 찾게 되고 그리울 수 있습니다. 그런 상황에서도 마음과 눈과 생각을 지킬 뿐만 아니라 날마다 주님의 말씀을 묵상하고 기도로 이겨 내는 여러분이 되시길 축복합니다. 혹시 죄를 짓더라도 징계가 없으면 계속 죄를 지을 수 있습니다.

여러분, 그렇다고 해서 같은 죄에 반복적으로 빠지지 마시고 죄를 지어도 회개하고 돌이키셔서 하나님과 나의 관계가 막히지 않길 축복합니다.

> 이러므로 우리에게 구름 같이 둘러싼 허다한 증인들이 있으니 모든 무거운 것과 얽매이기 쉬운 죄를 벗어 버리고 인내로써 우리 앞에 당한 경주를 하며 또는 거리끼는 믿음의 주요 또 온전하게 하시는 이인 예수를 바라보자 그는 그 앞에 있는 기쁨을 위하여 십자가를 참으사 부끄러움을 개의치 아니하시더니 하나님 보좌 우편에 앉으셨느니라 너희가 피곤하여 낙심하지 않기 위하여 죄인들이 이같이 자기에게 거역한 일을 참으신 이를 생각하라 너희가 죄와 싸우되 아직 피흘리기까지는 대항하지 아니하고 또 아들들에게 권하는 것 같이 너희에게 권면하신 말씀도 잊었도다 일렀으되 내 아들아 주의 징계하심을 경히 여기지 말며 그에게 꾸지람을 받을 때에 낙심하지 말라 주께서 그 사랑하시는 자를 징계하시고 그가 받아들이시는 아들마다 채찍질하심이라 하였으니 너희가 참음은 징계를 받기 위함이라 하나님이 아들과 같이 너희를 대우하시나니 어찌 아버지가 징계하지 않는 아들이 있으리요 징계는 다 받는 것이거늘 너희에게 없으면 사생자요 친아들이 아니니라 (히 12:1-8).

25

간부의 20만 원짜리 택배가 없어지다

후문 근무를 서고 명령서를 작성하고 무얼 했는지 잘 기억이 안 나는 날이었습니다. 갑자기 저를 찾는 소대장의 전화를 받았습니다.

"단결! 장 상병입니다."

"소대장님 무슨 일이 있으십니까?"

"용석아. 위병소에 배달된 배 소령님 택배가 없어졌다는데 택배사에 확인해 보니까 싸인이 정이라고 써 있대. 정 비슷한 글자가 있는 사람이 너랑 정 병장이니까 확인해 보자."

소령 간부의 택배가 없어져서 소대장이 토요일 15시까지 후문에 있으라고 했습니다. 두 개 합쳐서 15만 원 정도라고 했고 택배받는 싸인을 제가 했다고 합니다. 싸인은 필기체인데 정이라고 써 있어서 정이라는 글씨와 관계된 저와 정 병장을 15시까지 후문에서 기다리라고 해서 기다리는 중이었습니다.

'군인 월급 10만 원 정도인데 어떡하지?'

'주님께서 도와주실 거다.'

소대장이 택배 기사님과 이야기했고 싸인을 다시 보니 제가 싸인한 게 맞았습니다. 처음에 15만 원 인줄 알았는데 알고 보니 총 20만 원 정도 된다고 합니다.

'헐 … 이걸 어떻게 해야 될까?'

택배 수령은 제가 했는데 가져간 사람 싸인이 없어서 누가 가져갔는지 확인할 수가 없었습니다. 다른 선, 후임이 근무 설 때 누군가가 가져갈 수 있는데 제가 수령했다라는 이유로 제가 택배를 책임져야 하는 억울한 상황이었습니다.

배 소령은 잃어버린 택배 때문에 화가 났고 계급이 중위인 소대장은 난처한 입장이었습니다.

간부의 꾸지람과 혹시 내가 갚아 내야 한다는 생각에 마음을 졸였지만 다행히도 하나님의 은혜로 택배를 찾게 되었습니다. 알고 보니 택배를 잃어버린 간부와 같이 근무하는 간부가 대신 가져갔는데 사인을 하지 않고 가져갔습니다. 간부가 사인 안 하고 가져간 건 괘씸했지만 20만 원짜리를 찾은 것에 대해 감사합니다. 주님 감사합니다.

너희 염려를 다 주께 맡기라 이는 그가 너희를 돌보심이라(벧전 5:7).

상병 일기(2009년 4월 19일 주일)

오늘의 할 일

1. 운동하기
2. 말씀 5장 읽기
3. 교양 서적 읽기

오전에 교회에 갔는데 경비 소대 역사 최초로 네 명이 교회에 간 기적의 날이다. 너무 뿌듯하다. 주님께 너무 감사했다. 교회에서 식사도 하고 왔다. 이 병장이 짜증나게 했지만 마음을 잘 다스리고 감사함을 찾기 시작했다. 주님의 영광을 위해 살아야 하는데 생각한대로 잘 안된다. 의욕도 없고 어떻게 해야 될지 고민이 된다.

상병 일기(2009년 5월 4일 월요일)
오늘의 성경 읽기(창세기 19장, 잠언 17장)

근무는 정상이지만 기분은 최저이다. 왜냐하면, 나의 후임 최 일병 때문이다. 최 일병 때문에 이등병 때보다 정신적으로 스트레스를 받고 있다. 어떻게 해야 될지 모르겠고 답답하고 화도 삼키고 있다. 눈물까지 나려고 한다. 인트라넷 상담실에서 상담까지 받고 있다. 기도도 하고 있지만 그 후임의 변화가 보이지 않는다.

이 현실을 받아들이는 게 힘들다. 탈모증도 생기는것 같고 후임들과도 상의해 봤는데 보직 이동이 좋겠다고 한다. 그 한 명 때문에 소대에 피해가 막심하다. 분을 못 참겠고 폭발시키고 싶은데 계속 그 말씀이 생각난다.

> 노하기를 더디하는 자는 용사보다 낫고 자기의 마음을 다스리는 자는 성을 빼앗는 자보다 나으니라(잠 16:32).

어떻게 해야 될지 모르겠다. 주님의 도우심을 구한다.
도와주세요. 주님.

26

거꾸로 신은 고무신

　군대에서는 100명의 커플 중 85퍼센트 이상이 이별을 경험합니다. 저도 예외는 아니었습니다. 대부분이 제대로 된 이별이 아니라 갑자기 여성 쪽에 연락이 안되거나 자주 오던 편지가 끊깁니다. 직업 군인이라면 퇴근 후 자주 만나겠지만 병사는 그렇게 할 수 없습니다. 연락이 끊기면 나가서 만나러 가지 못 하고 발을 동동 구르는 주위 선임, 후임들을 많이 보았습니다.
　통화를 해도 예전과 같은 목소리가 아니라면 이별을 생각을 해 봐야 합니다. 저희 소대에도 커플이 꽤 있었지만 두 명 빼고 다 헤어졌습니다. 그래서 어떤 사람은 밖에서 다 정리하고 오라고 하는 사람도 있습니다. 이별이란 현실을 받아들이기 쉽지 않지만 현실을 직시해야 될 필요성이 있습니다.
　그리스도인들은 이런 갑작스러운 이별에 어떻게 대처해야 할까요?
　실제로 이별을 하게 되면 마음이 너무 힘듭니다. 헤어지고 차였다는 아픔 때문에 정신이 멍해집니다. 멍한 상태가 군업무까지 지장을 줍니다. 집중해야 되는데 자꾸 여자 친구만 생각납니다. 그 마음을 이해해 주는 선임들도 별로 없고 군업무에 실수가 생기면 선임들의 거침없는 훈계를 듣기 십상입니다. 그러면 더 힘들어집니다. 빨리 휴가를 나가서 얼굴이라도 보면서 마음을 돌이키고 싶은데 좀처럼 상황이 여의치 않습니다.

이별의 과정에서 감정을 너무 절제하지 마시고 슬픔과 아픔을 말하고 눈물로 표현하는 것이 좋습니다. 감정을 숨기고 억제할수록 회복이 늦어집니다. 불편한 감정들을 빨리 털어야 마음이 안정되고 자유해질 수 있습니다.

처음에는 마음이 힘들겠지만 시간이 지나면서 조금씩 조금씩 마음이 좋아집니다. 그리고 이별은 우리를 성숙하게 만들어 줍니다. 이별의 과정에서 매달리고 눈물을 흘리는 선임들도 많이 봤습니다. 비 온 뒤에 땅이 단단해지는 것처럼 이별을 통해 우리의 마음이 단단해집니다. 나중에 돌아보면 후회도 있지만, 시야가 넓어진 나 자신의 모습도 발견할 수 있습니다.

그리고 가장 중요한 것은 하나님은 우리를 위해 창세전에 예비하신 짝이 있다는 것입니다. 하나님을 신뢰하고 하나님의 주시는 짝을 기대하고 기다리세요. 때가 되면 지금 헤어진 사람보다 더 나한테 어울리고 좋은 짝을 보내 주실 것입니다. 저는 지금 결혼을 해서 아름다운 가정을 꾸렸는데 그때의 이별이 얼마나 감사한지 모릅니다. 하나님이 점찍어 두신 짝이 최고의 짝이라는 것을 명심하길 바랍니다.

> 여호와의 계획은 영원히 서고 그의 생각은 대대에 이르리로다(시 33:11).

27

분대장을 침노하다

　계급이 점점 올라가고 상병 말호봉이 되었을 때 저는 분대장이 되고 싶었습니다. 우리 소대에는 세 개의 분대가 있었는데 계급 순서로 보면 저는 분대장을 할 수 없었습니다. 제 위로 8월 군번 고참 한 명과 11월 맞고참 두 명이 있었습니다. 8월 고참은 전역을 안 하고 전문 하사를 한다고 해서 분대장 자리 하나를 맡게 되었고 두 명의 고참은 한 달 고참이기에 제가 분대장을 할 수 있는 입장은 아니었습니다.
　그렇지만 저는 분대장을 하고 싶었습니다. 이유인즉슨 첫 번째는, 복음을 전하기 위해서였고, 두 번째는 맞선임 중 한 명이 후임들을 잘 괴롭히고 짜증나게 하는 선임이기에 저 사람이 분대장이 되면 후임들이 많이 힘들어지겠다는 생각을 자주 했었습니다. 그래서 고심하다가 부소대장을 찾아가서 이야기를 했습니다.
　"부소대장님, 제가 분대장을 하고 싶습니다."
　부소대장님은 제 의견을 수렴해 주었고 제가 분대장을 하게 되었습니다. 만약에 제가 부소대장에게 말하지 않았다면 저는 분대장이 되지 못했을 것입니다. 그리고 분대장이 되는 목적이 녹색 견장을 달고 권위를 내세우기 위해서가 아니었습니다. 저는 그 지위로 복음을 전하고 후임들을 잘 돌봐 주고 싶어서 분대장을 달았습니다.

분대장 직책이 있으니 복음을 증거하는 데 많은 이점이 있었습니다. 소대원들과 더 소통할 수 있었고 지위를 사용해 하나님의 일을 하니 더 행복했습니다. 저는 분대장 할 때 하루에 한두 명의 후임들과 대화하는 시간을 가졌습니다. 15-30분 정도 대화했고 제가 말하는 것보다 후임들이 더 말하도록 후임에게 비중을 더 두었습니다. 그러면서 자연스럽게 후임들의 상황을 알게 되고 배려하게 되었습니다.

사도 바울은 전도 여행을 다니면서 자신의 시민권을 사용했습니다.

> 천부장이 와서 바울에게 말하되 네가 로마 시민이냐 내게 말하라 이르되 그러하다 천부장이 대답하되 나는 돈을 많이 들여 이 시민권을 얻었노라 바울이 이르되 나는 나면서부터라 하니 심문하려던 사람들이 곧 그에게서 물러가고 천부장도 그가 로마 시민인 줄 알고 또 그 결박한 것 때문에 두려워하니라(행 22:27-29).

바울이 전도 여행을 다니면서 필요할 때 로마 시민권을 사용한 것처럼 저도 지위를 사용하니 우리 소대 뿐만아니라 타 소대까지 영향력을 끼칠 수 있었습니다. 중요한 것은 제 유익이 아니라 주님의 영광을 위해 사용하는 것입니다.

분대장 직책은 나중에 사회생활이나 교회 내에서 리더로 사역할 때 많은 도움이 되었습니다. '나같이 부족한 사람이 어떻게 다른 사람들을 돌보고 상담해 줄 수 있지'라고 생각이 들 수도 있지만 부족한 부분을 채우기 위해서 더 노력했습니다. 자기 계발 서적이나 리더십, 인재 경영 책을 많이 봤습니다. 끊임없이 읽고 적용을 했습니다. 그래서 상담에 대한 기본 자세에 대해 많이 배울 수 있는 기회가 되었습니다.

여러분, 사람은 누구나 완벽하지 않습니다. 다 부족하고 단점이 있습니다. 하지만 그 부족한 점을 하나님의 영광을 위해 채우려고 노력할 때 주님은 반드시 우리를 도와주십니다.

상병 일기(2009년 6월 8일 월요일)

오늘은 주간 상황 근무이다. 조용하다. 늘 그랬듯이 성경을 묵상했다.

오전에 그토록 원하고 바라던 분대장이 되어 녹색 견장을 달게 되었다. 분대장이 되어서 행복하다. 왜냐하면, 복음을 전하는 데 유용하게 사용되기 때문이다.

부 소장님은 내가 건의한 대로 유 병장을 분대장으로 세우지 않으셨다. 자신이 분대장이 안되서 화가 난 유 병장은 소대에 유언비어를 퍼뜨렸고 소대원들이 큰 혼란에 휩싸이게 되었다.

조금 거슬리긴 하지만 주님이 나의 마음을 달아 보시는 것 같다. 이 상황을 이겨 내고 싶다.

28

즐거운 자들과 함께 즐거워하고
우는 자들과 함께 울라 (1)

오늘 다이어리를 보니까 이제 들어온 지 몇 달 안된 김 이병의 생일입니다. 안타깝지만 어느 누구도 김 이병의 생일을 몰랐습니다. 김 이병의 생일을 그냥 지나갈 수도 있지만 저는 이것이 기회라고 생각했습니다. 그래서 오늘 일과 후에 따로 김 이병과의 시간을 가져야겠다고 생각했습니다. 왜냐하면, 김 이병에게 감동을 주고 나중에 전도하고 싶었기 때문입니다. 오늘 일과가 끝나고 김 이병을 불렀습니다.

"김 이병, 같이 복지회관 갔다 오자."

"네. 장 상병님."

그리고 PX에 들어가서 먹고 싶은 것을 고르게 해 주었습니다.

그리고 먹기 전에 생일 축하를 해 주었습니다.

"김 이병, 너 오늘 생일이지?"

"축하한다!"

안경 너머로 김 이병의 눈이 갑자기 커졌고 말을 못 이었습니다. 얼굴을 보니 완전 감동한 표정이었습니다. 부모님도, 동기도 못 챙겨 주고 이번 생일은 그냥 넘어가는 줄 알았는데 누군가 자신의 생일을 기억해 주었기에 김 이병은 감동을 받았습니다. 그리고 지속적으로 관계 맺기와 기도를 통해서 김 이병은 얼마 안 되서 어느새 주일에 교회 가는 대열에 합류하게 되었습니다. 김 이병을 교회로 인도해 주신 하나님께 감사드립니다.

전도를 하기 위해 기본적으로 기도를 해야 합니다. 많은 분이 가족, 친척, 친구, 지인을 전도하기 위해 기도합니다. 우리는 기도하면서 감동을 주어야 합니다. 전도대상자의 생일도 챙겨 주고 감동을 줘서 이런 마음이 들게 해 주어야 합니다.

'와 그리스도인은 다르네?'

그들은 우리의 모습을 통해 하나님을 발견합니다. 하나님은 사랑의 하나님이십니다.

그들이 어떻게 하나님의 사랑을 느낄 수 있을까요?

가까운 사람을 통해 느낄 수 있습니다.

여러분, 감동을 주시고 사랑을 주세요. 하나님의 때가 되면 그 영혼은 주님의 자녀가 돼 있을 것입니다.

> 즐거워하는 자들과 함께 즐거워하고 우는 자들과 함께 울라(롬 12:15).

29

즐거운 자들과 함께 즐거워하고 우는 자들과 함께 울라 (2)

박 일병은 항상 열심히 하는 심성이 착한 후임입니다. 어느 날부터 항상 밝았던 박 일병의 표정이 무거워 보였습니다. 그래서 시간 될 때 박 일병과 대화의 시간을 가졌습니다.

"박 일병, 요즘에 무슨 일이 있어?"

"얼굴이 많이 어두워진 거 같아."

박 일병은 한참 고민하다가 말문을 열었습니다.

"장 상병님, 사실은 …."

이 책에 밝히기는 어렵지만 박 일병은 가정의 생계 문제와 가족 내에 다른 큰 문제가 있었습니다.

"장 상병님, 어떻게 해야 될까요?"

"미치겠습니다."

박 일병에게 이런 어려운 상황이 있다는 것을 듣고 마음이 너무 아팠습니다. 고민 끝에 저는 박 일병을 특전 부사관 자리에 추천해 주었습니다.

"박 일병, 너 진짜 힘들었겠다."

"많이 답답했지?"

"너 그냥 특전부사관에 지원하는 게 어때?

"그 게 제일 괜찮을 거 같아."

박 일병은 며칠 동안 고민하더니 결국 특전 부사관에 지원하기로 했습니다. 그리고 부사관 후보생이 되기 전까지 함께 교회에 나와 하나님께 예배드렸습니다. 그리고 저는 도울 수 없지만 하나님의 도우심이 박 일병에게 함께하기를 기도하고 또 기도했습니다.

"하나님, 박 일병을 긍휼히 여겨 주시고 저 가정에도 하나님의 평안이 임하게 해 주세요."

나중에 병장 때 특전부사관이 되어서 정문에서 만났습니다. 앞으로 어려움이 있겠지만 전보다 더 얼굴이 밝아져서 기뻤습니다.

하나님의 은혜와 사랑이 박 하사 가정에 함께하길 소망합니다.

즐거워하는 자들과 함께 즐거워하고 우는 자들과 함께 울라(롬 12:15).

30

소에게는 풀을, 사자에게는 고기를

똑같은 생활이 반복되는 어느 날 후임 두 명이 들어왔습니다. 저는 후임이 들어오면 항상 기쁩니다. 왜냐하면, 전도할 수 있는 기회이기 때문입니다. 후임 두 명은 사회에서 체육을 전공하는 친구였습니다. 밖에서는 운동을 하고 싶은 대로 할 수 있지만 이등병 시기에는 제약이 참 많습니다. 사이버 지식 정보방(컴퓨터 이용하는 곳), 군대 마트 이용, 운동 이용에서 많은 제약이 있습니다.

후임들과 대화하면서 '나는 어떻게 이 친구들을 전도할 수 있을까'라는 고민을 참 많이 했습니다. 그러다가 이 친구들의 마음을 얻는 방법이 딱 떠올랐습니다.

'같이 운동을 하면 되겠구나!'

그날로부터 일과 후에 일주일에 한두 번씩 체력단련장에 가서 운동을 했습니다. 그러면서 저도 운동하는 방법에 대해 도움 받고 후임들도 스트레스 풀고 서로 친해지는 기회가 되었습니다. 그러면서 운동이란 주제로 대화하고 그들의 고충을 듣다가 마침내 두 명의 친구는 교회에 함께 가게 되었습니다. 함께 찬양드리며 예배드리니 후임들의 모습이 더 예뻐 보였습니다.

저도 예뻐보였는데 우리 주님은 얼마나 기쁘셨을까요?

여러분, 전도는 하나님이 하시지만 하나님은 믿는 우리를 통해 일하십니다. 전도대상자의 마음을 얻기 위해서 그 사람이 무엇을 좋아하고 어떤 것에 관심이 있는지 안다면 좀 더 쉽게 관계가 형성될것이고 권위로 전도하기보다 그 사람이 무엇을 원하는지 조금 더 귀를 기울이고 관찰한다면 전도가 더 쉬워질 것입니다. 이 내용은 제가 군대에서 읽었던 책을 보면서 많이 도움을 받았습니다.

『데일 카네기 인간관계론』이란 책 안에 관계 형성에 대한 도움을 주는 글들이 많았습니다. 내가 책 읽는 것을 좋아해서 책에 관심도 없는 후임에게 책을 권하기보다 그들이 좋아하는 것을 알아차리고 함께 취미를 공유하는 것은 지혜로운 방법입니다.

그래서 입대 전이나 부대에서 성경과 괜찮은 자기 계발서를 읽으시면 도움이 됩니다. 대화할 때 조심해야 되는 것들, 관계를 형성하는 법 등 다양한 방법을 알 수 있습니다. 부딪치면서 터득할 수도 있지만 읽고 적용해 보면 인간 관계가 향상될 것입니다.

상병 일기(2009년 5월 17일 주일)

주일 근무 취침인데 최 상병이 오전에 교회에 가자고 한다. 이런 일이 없어서 신기했다. 육신은 피곤하지만 함께했다. 같이 교회 가니까 행복하다. 나도 행복한데 하나님은 더 행복하실 거 같다. 하나님의 은혜이다.

맛있는 점심도 먹고 갔다 와서 족구하고 저녁에도 후임 세 명과 함께 교회에 왔다. 점점 더 많은 소대원이 교회에 올 줄 믿는다.

부흥이 될 줄 믿는다!

31

해님과 바람

어느 날 거센 바람과 해님은, 누가 지나가는 나그네의 외투를 벗기는지 내기를 했습니다. 먼저, 바람이 시작했습니다. 바람은 온 힘을 다해 나그네에게 바람을 불었습니다. 그러나 바람이 강해질수록 나그네는 옷깃을 붙잡고 외투를 벗지 않기 위해 노력했습니다. 바람은 실패했습니다. 이번에는 해님 차례였습니다. 해님은 웃으면서 따뜻한 햇살을 나그네에게 내리쬐었습니다. 나그네는 너무 더운 나머지 옷을 벗고 물속으로 들어갔습니다.

이 책은 저에게 많은 영감을 주었습니다.

"따뜻한 사랑과 관심이 그 사람을 바꿀 수 있습니다."

예수님의 제자들은 예수님과 함께 다니면서 그분의 수많은 기적과 명설교를 직접 눈으로 보았습니다. 산상수훈의 팔복, 맹인이 눈을 뜨는 기적, 문둥병자의 치유 등 하나님의 능력을 경험합니다. 3년 반 정도 동고동락했지만 결정적 순간에 그들은 예수님을 부인했습니다.

그렇게 예수님을 믿고 따른다고 큰 소리 뻥뻥 치던 베드로는 어떻게 되었습니까?

베드로가 바깥 뜰에 앉았더니 한 여종이 나아와 이르되 너도 갈릴리 사람 예수와 함께 있었도다 하거늘 베드로가 모든 사람 앞에서 부인하여 이르되 나는 네가 무슨 말을 하는지 알지 못하겠노라 하며 앞문까지 나아가니 다른 여종이 그를 보고 거기 있는 사람들에게 말하되 이 사람은 나사렛 예수와 함께 있었도다 하매 베드로가 맹세하고 또 부인하여 이르되 나는 그 사람을 알지 못하노라 하더라 조금 후에 곁에 섰던 사람들이 나아와 베드로에게 이르되 너도 진실로 그 도당이라 네 말소리가 너를 표명한다 하거늘 그가 저주하며 맹세하여 이르되 나는 그 사람을 알지 못하노라 하니 곧 닭이 울더라 이에 베드로가 예수의 말씀에 닭 울기 전에 네가 세 번 나를 부인하리라 하심이 생각나서 밖에 나가서 심히 통곡하니라 (마 26:69-75).

베드로는 그 사람을 알지 못한다고 맹세하며 예수님을 부인했습니다. 주님이 십자가에서 돌아가시고 제자들은 뿔뿔히 흩어졌습니다. 주님의 사랑받는 제자였던 베드로도 고향에 돌아가서 어부 생활을 했습니다. 그렇게 낙심 속에 있는 베드로에게 한 사람이 찾아옵니다.

날이 새어갈 때에 예수께서 바닷가에 서셨으나 제자들이 예수이신 줄 알지 못하는지라 예수께서 이르시되 얘들아 너희에게 고기가 있느냐 대답하되 없나 이르시되 그물을 배 오른편에 던지라 그리하면 잡으리라 하시니 이에 던졌더니 물고기가 많아 그물을 들 수 없더라 예수께서 사랑하시는 그 제자가 베드로에게 이르되 주님이시라 하니 시몬 베드로가 벗고 있다가 주님이라 하는 말을 듣고 겉옷을 두른 후에 바다로 뛰어 내리더라 다른 제자들은 육지에서 거리가 불과 한 오십 칸쯤 되므로 작은 배를 타고 물고기 든 그물을 끌고 와서 육지에 올라보니 숯불이 있는데 그 위에 생선이 놓였고 떡도 있더라 예수께서 이르시되 지금 잡은 생선을 좀 가져오라 하시니 시몬 베드로가 올라가서 그물을 육지에 끌어 올리니 가득히 찬 큰 물고기가 백쉰세 마리라 이같이 많으나 그물이 찢어지지 아니하였더라 예수께서 이르시되 와서 조반을 먹으라 하시니 제자들이 주님이신 줄 아는 고로 당신이 누구냐 감히 묻는 자가 없더라 예수께서 가셔서 떡을 가져다가 그들에게 주시고 생선도 그와 같이 하시니라 이것은 예수께서 죽은 자 가운데서 살아나신 후에 세 번째로 제자들에게 나타나신 것이라 그들이 조반 먹은 후에 예수께서 시몬 베드로에게 이르시되 요한의 아들 시몬아 네가 이 사람들보다 나를 더 사랑하느냐 하시니 이르되 주님 그러하나이다 내가 주님을 사랑하는 줄 주님께서 아시나이다 이르시되 내 어린 양을 먹이라 하시고 또 두 번째 이르시되 요한의 아들 시몬아 네가 나를 사랑하느냐 하시니 이르되 주님 그러하나이다 내가 주님을 사랑하는 줄 주님께서 아시나이다 이르시되 내 양을 치라 하시고 세 번째 이르시되 요한의 아들 시몬아 네가 나를 사랑하느냐 하시니 주께서 세 번째 네가 나를 사랑하느냐 하시므로 베드로가 근심하여 이르되 주님 모든 것을 아시오매 내가 주님을 사랑하는 줄을 주님께서 아시나이다 예수께서 이르시되 내 양을 먹이라(요 21:4-17).

그분은 바로 예수님입니다. 베드로는 예수님이 오셨다는 이야기를 듣고 염치없이 주님께 뛰어갑니다. 그가 뛰어가면서 '혹시 예수님한테 혼나는 게 아니야'라고 생각할지 모릅니다.

예수님은 베드로에게 "너 베드로 임마 감히 나를 배신해.네가 어떻게 나한테 이럴 수 있어"라고 말씀하시지 않으셨고 그의 잘못을 들춰내지도 않으셨습니다.

"나를 사랑하느냐?"

물어보시고 "내 양을 먹이고 치라" 하셨습니다.

군생활을 하다보면 후임들이 실수할 때도 많습니다. 제가 잘 섬겨 줬던 어떤 후임은 나중에 선임들에게 하극상하고 소대를 시끄럽게 한 후임도 있었습니다. 이런 일이 있을 때마다 마음이 힘들고 후회할 때가 많습니다.

'내가 괜히 잘해줬나? 앞으로는 이렇게 섬겨 주지 말까?' 이런 생각이 들 때도 있었습니다. 하지만 저는 하극상한 후임을 예수님의 마음으로 품어 주었고 다른 소대에 간 후임에게 웃으면서 인사해 주었습니다.

"최 일병, 잘지내지?"

최 일병뿐만 아니라 크고 작은 실수하는 후임이 있었습니다. 그리고 제 뒷담화하는 후임도 있었습니다. 그러나 자존심 상한다고 일일이 대응하지 않았고 실수한다고 항상 들춰내어 꾸짖지 않았습니다. 어떤 사람들은 사소한 실수도 들춰내고 꼬투리 잡는 사람들도 봤습니다. 하지만 저는 그들을 품어 주고 사랑으로 대해 주었습니다.

그것은 제 안의 있는 사랑이 아니라 예수님의 마음이었습니다. 한 영혼을 천하보다 귀하게 여기시는 아버지의 마음이 여러분이 있는 장소를 변화시키는 원동력이 될 줄 믿습니다.

너희 안에 이 마음을 품으라 곧 그리스도 예수의 마음이니 (빌 2:5).

32

메모하는 습관을 들이자

사람의 기억력에는 한계가 있습니다. 사람은 까먹지만 메모장의 잉크는 10년이 넘어도 지워지지 않습니다. 성경 사해 사본을 보면 수백, 수천 년이 지나도 기록이 남는 것처럼 메모는 엄청난 힘이 있습니다.

그래서 저는 그날 할 일을 메모해서 덜 실수했고 분대를 잘 관리해서 전도하려고 많은 노력을 기울였습니다.

예를 들면 다음과 같습니다.

설 연휴간 신병에게 해 줘야 할 것들

1. 구형전투복 베레모 오버로크
2. 선임들 후임 경비 소대 전원 이름 알려 주기
3. 관물함 정리 방법 알려 주기
4. 세탁물 세탁하기
5. 말하는 방법 알려 주기(박 이병, 장 이병에게)

처음에는 안 해 본 걸 하다 보니까 많이 어색했습니다. 메모하는 습관을 계속 만들려고 시도하면서 시간을 효율적으로 쓰게 되고 군

생활이나 업무 중에 빠뜨리는 부분이 많이 줄어들었습니다. 다이어리에 한 달 동안 스케줄을 적는 칸이 있습니다. 한 달 스케줄을 정리하면 효과적 군생활에 도움이 될 것입니다.

혹시 이렇게 생각하는 분들도 계실지 모르겠습니다.

'아니 왜 이 정도로까지 해야 돼?

주님만 잘 섬기고 주님한테만 잘 보이면 되는 거 아니야?'

하나님한테만 잘 보이려면 산에 들어가서 혼자 살면 됩니다. 중세 수도원처럼 세상을 떠나서 숲속 깊고 한적한 곳에 살면 됩니다. 하지만 예수님은 가서 모든 족속으로 제자를 삼아 아버지와 아들과 성령의 이름으로 세례를 베풀고 제자가 되게 하라는 전도의 지상 명령을 주셨습니다(마 28:18-20).

우리는 주님의 자녀로서 하나님의 영광을 나타내야 합니다. 최선을 다해야 합니다. 열심히 해야 합니다.

> 그런즉 너희가 먹든지 마시든지 무엇을 하든지 다 하나님의 영광을 위하여 하라 (고전 10:31).

33

후배들에게 들려주는 일곱 가지 크리스천 리더십

첫 번째, 훈계는 1:1로 한다.

후임이 잘못을 저질렀을 때 어떻게 해야 될까요?

주위 사람들이 많을 때 훈계하지 말고 사람들이 없는 장소에서 1:1로 훈계합니다. 많은 사람이 사람들이 많은 곳에서 훈계합니다. 이것은 지혜롭지 못한 방법입니다. 이것은 자녀를 양육할 때도 적용되는 좋은 방법입니다. 자녀가 실수할 때 동생들과 친구들이 있는 곳에서 훈육하기보다 1:1로 하는 것이 유익합니다.

그런데 군대에서 뭔가 잘못했을 때는 육두문자부터 나올 때가 많습니다. 거의 대부분이라고 봐도 무방합니다. 욕을 먹으면 사람에 따라 느끼는 반응은 다를 것입니다. 그리고 그중에서 자존감이 낮은 사람은 더 큰 상처를 입게 됩니다.

또 후임들이 옆에 있는데 욕을 먹으면 어떻게 될까요?

자존심이 엄청 상합니다. 그래서 후임이 잘못을 할 때는 항상 1:1로 이야기 해야 됩니다. 그리고 훈계를 길게 하면 안 됩니다.

훈계나 꾸지람을 오래 듣기 좋아하는 사람이 있을까요?

누구든지 다 싫어합니다. 저는 전에 1시간 이상 선임들의 사랑 넘치는 훈계(?)를 들은 적이 있었는데 제 자존감이 바닥으로 떨어지는 것은 물론이고 내가 있는 경비 소대에 대한 정나미가 다 떨어진 적이 있었습니다.

두 번째, 잘한 것이 있으면 칭찬해 준다.

잘한 것이 있으면 꼭 칭찬해 주어야 합니다. 훈계는 1:1로 해야 되지만 칭찬은 1:1로만 할 필요가 없습니다. 사람이 많을 때 칭찬해 주면 그 효과가 배가됩니다. 그리고 뒤에서 그 사람이 없을 때 하는 칭찬도 리더십 향상을 위한 좋은 방법 중 하나입니다. 베스트셀러 책 중에 『칭찬은 고래도 춤추게 한다』만 봐도 알 듯이 칭찬은 동물뿐만 아니라 사람도 춤추게 만듭니다.

중국 진나라에 예양이라는 선비가 있었는데 이런 어록을 남겼습니다.

> 남자는 자기를 알아 주는 사람에게 목숨을 바친다.

사람을 얻기란 쉽지 않습니다. 그 사람의 가치를 알아 주고 보호해 주고 이해해 주고 격려해 주고 위로해 준다면 자신을 도와줄 수 있는 일꾼이 될 것입니다. 그뿐 아니라 예수 믿지 않는 영혼이 하나님의 자녀가 될 것입니다.

군대에는 일반적으로 너무 착한 선임, 너무 괴롭히는 선임 그리고 별 관심 없는 선임, 이렇게 세 가지 유형의 선임이 있습니다. 대부분의 선임은 후임이 뭔가 잘못했을 때 엄청 괴롭힙니다. 특히, 자신에게 피해가 왔을 때는 괴롭힘의 정도가 진해집니다. 갈구는 것은 어렵지 않습니다. 그냥 잘못한 부분을 욕하면서 소리지르면서 뭐라고 하면 됩니다. 채찍을 가하기는 쉽습니다. 휘두르기만 하면 됩니다.

그런데 달리는 말에게 채찍만 가한다면 어떻게 될까요?

스트레스 받은 나머지 채찍질한 사람을 발로 차 버릴 수 있습니다. 이럴 때 당근이 필요합니다. 당근은 바로 그 사람을 이해하고 위로하고 또 마음을 알아주는 행동을 뜻합니다. 한국은 수직 문화가 강해서 윗사람이 아랫사람을 쉽게 괴롭히고 욕하고 비인격적으로 대우하는 경우가 많습니다.

세상에서는 이렇게 하지만 하나님의 자녀인 우리가 이렇게 똑같이 해야 되겠습니까?

그렇지 않습니다. 우리는 다르게 해야 합니다. 예수님의 가르침을 통해 우리의 리더십을 발휘해야 될 줄 믿습니다.

세 번째, 말쟁이보다는 행동하는 선임이 된다.

군대에서는 말 잘하는 사람 보면 "이 자식 이빨 잘 까네"라는 표현을 많이 사용합니다. 이 표현은 특히 말은 잘하지만 그만큼 행동을 못하는 사람에게 많이 쓰입니다. 말은 잘하지만 자신이 말하는 대로 살지 못하는 사람들이 너무 많습니다. 이런 사람에게 위 표현을 많이 사용합니다.

솔직히 말해서 말을 잘하면 좋습니다. 말은 힘이 있기 때문입니다. 말로 사람의 마음을 사로잡을 수 있습니다. 그러나 본인이 말을 잘하지 못하더라도 낙심하지 마시길 바랍니다. 말이 어눌하더라도 진심은 통하고 우리의 진실된 행동을 상대방이 느낄 수 있기 때문입니다. 가끔씩 그런 이야기를 듣습니다.

"교회 다니는 사람은 말은 잘하는데 행동이 영 그래."

이런 말을 들을 때 우리 주님 마음이 얼마나 아플까요?

말쟁이가 되지 말고 모범을 보이는 선임이 되세요. 그러면 주위에서 "와. 저 선임은 말과 행동이 일치해. 나도 저런 선임이 되어야겠다"라고 생각하게 될 것입니다.

네 번째, 크리스천 리더십 관련 책을 여러 번 읽고 적용한다.
선임들의 구타, 가혹 행위, 욕설의 리더십을 배우지 말고 예수님의 리더십을 배워야 합니다. 리더십 관련 책을 읽으면서 하나씩 하나씩 적용해 봅시다. 그러면 어느새 새로운 리더십으로 많은 후임이 따르는 모습을 보게 될 것입니다.

다섯 번째, 양쪽의 이야기를 들어 보는 선임이 된다.
사람은 한쪽 이야기만 듣고 편파적으로 행동할 때가 있습니다. 사람 자체가 어떤 일을 당하고 그것을 이야기할 때 객관적으로 이야기하기보다는 자기중심으로 이야기할 때가 많습니다. 그래서 한쪽 이야기만 들으면 갈등을 해결하는 데 있어서 실수가 나타날 수 있습니다. 하지만 양쪽의 이야기를 들어 본다면 덜 편파적이게 되고 공정하게 일을 해결할 수 있을 것입니다.

여섯 번째, 기도하는 리더가 된다.
스코틀랜드의 종교개혁자인 존 낙스는 메리 여왕의 핍박에도 굴하지 않고 이겨 냈습니다. 그는 기도의 용사였습니다. 큰 문제가 찾아왔을 때 주님께 무릎 꿇는 겸손한 리더였습니다. 세상 사람들은 힘든 일을 만났을 때 자신의 힘으로 이겨 내려 하지만 하나님의 자녀인 우리는 아바 아버지이신 주님께 기도하며 하늘의 방법으로 난

관을 이겨 낼 수 있습니다.

일곱 번째, 날마다 주님의 말씀을 묵상한다.

리더는 날마다 주님의 말씀을 읽고 묵상해야 합니다. 모세 다음 리더였던 여호수아는 큰 두려움에 휩싸였습니다. 모세는 하나님과 대화하며 홍해를 건너고 만나와 메추라기의 공급하심을 체험했습니다. 수많은 기사와 이적을 경험했습니다. 전임자가 너무 뛰어났고 아직도 헤쳐 나아가야 될 어려움이 많았기에 여호수아는 두려웠습니다. 그런 그에게 주님이 말씀하셨습니다.

> 오직 강하고 극히 담대하여 나의 종 모세가 네게 명령한 그 율법을 다 지켜 행하고 우로나 좌로나 치우치지 말라 그리하면 어디로 가든지 형통하리니 이 율법책을 네 입에서 떠나지 말게 하며 주야로 그것을 묵상하여 그 안에 기록된 대로 다 지켜 행하라 그리하면 네 길이 평탄하게 될 것이며 네가 형통하리라(수 1:7-8).

세상 가치관과 그리스도인의 가치관은 너무 다릅니다. 시편 말씀은 우리에게 날마다 주의 말씀을 주야로 묵상하라고 합니다. 성경은 하나님의 말씀 곧 하나님입니다. 말씀은 우리 인생의 나침반입니다. 성경을 읽고 묵상하면서 하나님 나라 가치관, 성경적 가치관이 형성되시길 축복합니다.

상병이 해야 할 일

1. 주일 예배드리기
2. 하루에 20분 이상 기도하기
3. 감사 일기 쓰기
4. 체력 단련하기
5. 성경 읽기(하루 7장 이상)
6. 1-2주에 한 번 후임과 함께 운동하기
7. 1-2주에 한 번 후임과 PX에서 먹으면서 대화 나누기
8. 1-2주에 한 번 선임 칭찬하기
9. 1주일에 한 번 후임 격려하기
10. 성인 잡지 보지 않기
11. 후임들 괴롭히거나 폭언하지 않기
12. 십일조 하기
13. 복음 전하기
14. 리더십 도서 보고 적용하기

제5부

병장

너는 말씀을 전파하라
때를 얻든지 못 얻든지 항상 힘쓰라
범사에 오래참음과 가르침으로
경책하며 경계하며 권하라
(딤후 4:2).

병장: 사회에 나갈 준비를 하는 시간

병장 일기: 경비 소대 16명이 주일 예배를 드리다

내 생에 잊을 수 없는 날이다.
16명이 교회를 가다니 기뻐서 눈물이 날 정도였다.
정, 후문 근무자를 제외하고 함께 교회 가서 예배를 드렸다.
도망치고 싶어서 군종병과 파병을 생각했는데 주님이 모든 길을 막으셨다. 날마다 소대를 위해 기도하고 그리스도인으로서 흠잡히지 않으려고 열심히 했다.
처음에 혼자 교회 갔던 길이 생각난다.
이 걸음에 소대원들이 함께한다면 얼마나 행복할까?
얼마나 주님께서 기뻐하실까?
최대한 섬김의 리더십으로 필요를 채워 주고 욕하지 않고 주님의 사랑으로 섬겼다. 때가 되니 주님이 16명이 함께 교회에 가도록 문을 열어 주셨다.
당신이 병장이 되었다면 분대장이 되었을 것입니다. 군번이 풀렸다면 상병 때부터도 할 수 있지만 병장으로서 해야 될 중요한 것들을 알려 드리고자 합니다.

34

계급으로 전도하는 최고의 기회

제 동생은 제가 군복무 중일 때는 크리스천이 아니었습니다. 하지만 하나님은 군복무 중인 동생에게 믿는 사람들을 많이 붙여 주셨습니다. 그 중에 한 중사 간부와 관련된 에피소드가 생각납니다.

예수님을 믿는 중사는 병사들을 전도하려고 강압적 방법으로 교회에 데리고 가려 했습니다. 자신의 지위를 사용해서 교회에 데려가려고 한 것이죠. 믿지 않는 병사들을 교회에 데리고 가서 구원시키려는 선한 마음은 알겠는데 방법이 좋지 못했습니다. 그래서 중사 간부는 뒤에서 욕을 많이 들었다고 합니다.

위 사례처럼 강압적으로 교회에 데리고 가는 것은 좋은 방법이 아닙니다. 그들에게 기독교에 대한 반발심을 줄 수도 있기 때문입니다. 특히, 그 기독교인이 행실에서 안 좋은 면이 있다면 하나님의 영광을 가릴 수도 있습니다.

그러면 그들을 어떻게 교회에 데리고 갈 수 있을까요?

말 한마디에 교회에 같이 간다면 얼마나 기쁘고 감사할까요?

하지만 그러기는 결코 쉽지 않습니다. 왜냐하면, 사탄은 한 영혼이 천국 가는 것을 가만히 보고만 있지 않기 때문입니다. 전도는 하루, 이틀에 되지 않습니다(예외의 경우도 있습니다). 그래서 전도에는 지혜가 필요합니다.

전도하려면 섬김, 기도 그리고 인내, 이 세 가지가 필요합니다. 저는 이등병 때부터 소대를 위해 기도했습니다.

"하나님, 자유롭게 신앙생활하게 해 주세요. 여기 있는 소대원들이 예수 믿고 천국 가게 해 주세요."

이 기도는 제1 순위 기도 제목이었습니다. 왜냐하면, 성경 말씀에 "이르시되 기도 외에 다른 것으로는 이런 종류가 나갈 수 없느니라 하시니라"(막 9:29)라고 한 것처럼 기도가 능력이기 때문입니다. 기도하지 않으면 역사가 나타나지 않습니다.

그리고 기도하면서 두 번째 해야 될 것이 섬김입니다. 섬김은 권위를 드러내는 것이 아닙니다. 복음서에 예수님의 제자들이 서로 다투었습니다. '천국에서 누가 크냐'는 문제로 싸운 것입니다. 예수님은 이 상황을 단번에 해결해 주셨습니다.

> 너희 중에는 그렇지 않아야 하나니 너희 중에 누구든지 크고자 하는 자는 너희를 섬기는 자가 되고 너희 중에 누구든지 으뜸이 되고자 하는 자는 너희의 종이 되어야 하리라 인자가 온 것은 섬김을 받으려 함이 아니라 도리어 섬기려 하고 자기 목숨을 많은 사람의 대속물로 주려 함이니라(마 20:26-28).

예수님의 리더십을 볼 수 있는 귀한 말씀입니다. 예수님은 하나님의 아들이시면서 하나님 본체이십니다. 그분은 왕이시기 때문에 섬김을 당연히 받을 수 있는 위치에 계시지만 섬기는 종의 삶을 선택하셨습니다.

분대장이 되기 전 PX를 자유롭게 다닐 수 있는 계급이 되었을 때부터 개인적으로 후임들 생일을 챙겨 주었습니다. 케익이 필요할 때는 소대장이나 부소대장한테 부탁해서 누구 생일인데 케이크하나 사달라고 부탁했습니다. 감사하게도 간부님들은 저의 부탁을 잘 들어 주셨습니다. 그리고 힘들어하는 소대원이 있으면 PX 또는 복지회관에서 맛있는 걸 사 주면서 그들의 고충에 귀를 기울였습니다.

그러면서 자연스럽게 관계를 맺었습니다. 강압적으로 기독교를 강요하지 않았습니다(저도 처음에는 강요했던 적이 있었습니다. 하지만 강요할수록 반발이 컸습니다. 드러내지는 않았지만 느껴졌습니다. 그렇기에 방법을 바꿨습니다).

분대장이 되서는 좀 더 적극적으로 후임들을 섬겨 주었습니다. 얼굴에 웃음이 없거나 군생활이 벅차 보이거나 힘들어하는 소대원들을 보면 개인적으로 대화하면서 고충을 듣고 휴가를 나갈 수 있도록 도와주었습니다(소대장님과의 관계가 잘 되어 있었고 그 위의 직속 상관인 본부 근무 대장과의 관계도 좋았습니다. 제가 부탁하면 휴가도 주셨습니다). 매일 20분 이상 한두 명의 분대원과 시간을 보냈고 낮은 계급 때문에 소대 안에서 답답해하고 있는 소대원들은 일과 후 따로 운동시켜 주면서 스트레스를 풀 수 있도록 도와주었습니다.

그리고 그 당시 저는 분대장 활동을 하면서 전 소대원의 휴가 및 근무를 관리했습니다. 군인에게 있어서 휴가는 생명과도 같은 것이기에 휴가를 관리하는 저에게는 큰 힘이 있었습니다. 그리고 본부 근무 대장님은 저와 좋은 관계가 형성되어서 저의 편의를 많이 봐주셨습니다. 제가 추천하면 휴가를 줄 수 있을 정도로 많은 도움을 주셨습니다(이 모든 것이 하나님의 은혜입니다).

후임 중에 사회에서 헬스 트레이너로 활동하던 후임 두 명이 있었습니다. 체대 출신이고 한참 후임이었는데 아시다시피 이등병은 군생활에 제약이 많습니다. 하지만 저는 이 후임들이 군대에서 운동할 수 있도록 편의를 봐주고 같이 체력 단련장에 갔습니다. 그래서 이 등병들도 상병이 꺾인 저와 편하게 얘기할 수 있게 배려했습니다. 지킬것만 잘 지키면 크게 간섭하지 않았습니다. 그리고 분대장으로서의 힘과 권력을 영혼 구원하는 데 썼습니다. 이 모든 것이 하나님의 은혜라고 생각합니다.

참고로 제 신앙이 잘 성장하도록 섬겨 주었던 형들이 생각납니다. 고3 수능시험이 끝나고 교회에 나온 지 얼마 안된 저를 섬겨 주었습니다.

교회는 서울 신림동에 있었고 저희 집은 경기도 의왕시에 있었습니다. 교회에서 집까지는 시내 버스로 버스를 세 번 타야 올 수 있는 거리였는데 자주 저를 집까지 태워다 줄 뿐만 아니라 맛있는 것을 사 주면서 신앙 이야기를 많이 할 수 있었고 결국 믿음이 자랄 수 있었습니다. 그리고 유명한 찬양 집회(예를 들어,디사이플스, 예수전도단 화요모임 등등)나 산기도를 데리고 가며 처음부터 기도하면서 신앙생활의 첫 단추를 잘 낄 수 있었습니다.

섬김에는 시간과 물질과 기도가 필수적입니다. 하나님이 우리에게 주신 시간을 한 영혼을 섬기는 데 보내는 것은 보람찬 일이며 하늘의 상급이 크게 쌓이는 길입니다.

성경에서도 섬김에 대한 이야기가 있습니다. 사도 바울이 다메섹에서 예수님을 만나기 전까지는 예수님을 믿는 그리스도인들을 잡아죽이고 핍박하는 역할을 했습니다.

사울이 교회를 잔멸할새 각 집에 들어가 남녀를 끌어다가 옥에 넘기니라 (행 8:3).

그는 유대교를 위해 예수 믿는 사람들을 죽이고 옥에 넘겨주는 일을 했었습니다. 그리스도인들의 핍박자였던 그가 공문을 받아 예수님을 믿는 자들을 잡으러 다메섹에 가는 길이었습니다. 그때 사울은 예수님을 만나게 되었습니다.

> 사울이 주의 제자들에 대하여 여전히 위협과 살기가 등등하여 대제사장에게 가서 다메섹 여러 회당에 가져갈 공문을 청하니 이는 만일 그 도를 따르는 사람을 만나면 남녀를 막론하고 결박하여 예루살렘으로 잡아오려 함이라 사울이 길을 가다가 다메섹에 가까이 이르더니 홀연히 하늘로부터 빛이 그를 둘러 비추는지라 땅에 엎드러져 들으매 소리가 있어 이르시되 사울아 사울아 네가 어찌하여 나를 박해하느냐 하시거늘 대답하되 주여 누구시니이까 이르시되 나는 네가 박해하는 예수라 너는 일어나 시내로 들어가라 네가 행할 것을 네게 이를 자가 있느니라 하시니 같이 가던 사람들은 소리만 듣고 아무도 보지 못하여 말을 못하고 서 있더라(행 9:1-7).

그의 인생의 터닝포인트는 다메섹 사건입니다. 하나님의 은혜로 사울은 거듭나게 되었습니다. 그런 과정에서 많은 크리스천 유대인이 사울의 회심을 믿지 않았습니다.

> 사울이 예루살렘에 가서 제자들을 사귀고자 하나 다 두려워하여 그가 제자 됨을 믿지 아니하니(행 9:26).

사울의 전적이 너무 화려했기 때문입니다. 혹시나 속일까 봐 두려워했는데 유일하게 바나바가 사울을 찾아가서 그의 이야기를 들어 주고 다른 사도들에게 어떻게 예수를 믿게 되었는지 대변을 해 주었습니다.

> 바나바가 데리고 사도들에게 가서 그가 길에서 어떻게 주를 보았는지와 주께서 그에게 말씀하신 일과 다메섹에서 그가 어떻게 예수의 이름으로 담대히 말하였는지를 전하니라 사울이 제자들과 함께 있어 예루살렘에 출입하며 또 주 예수의 이름으로 담대히 말하고 헬라파 유대인들과 함께 말하며 변론하니 그 사람들이 죽이려고 힘쓰거늘(행 9:27-28).

사울은 회심한 뒤에도 전적 때문에 많은 사람이 경계하고 의심하는 대상이었습니다. 하지만 바나바가 사울을 대신해 사도들에게 이 사람이 어떻게 예수를 믿게 되었는지 변호해 주었기에 사울은 사도의 직무를 잘 수행할 수 있게 되었습니다. 만약 바나바가 없었다면 사울은 이 과정을 극복하기 힘들었을 것이고 극복했다고 하더라도 많은 시간이 걸렸을 것입니다.

우리 주위에도 우리의 섬김과 사랑을 필요로 하는 영혼들이 너무 많습니다. 겉으로는 괜찮은 것 같지만 속은 까맣게 타들어 가는 사람들이 한둘이 아닙니다. 사랑과 섬김으로 그들에게 다가간다면 주님이 기뻐하시는 영혼 구원의 역사가 삶 가운데서 나타날 줄 믿습니다.

마지막으로는 인내입니다. 이 모든 것을 참고 인내하면서 기다리는 것입니다. 북미 인디언들은 비가 오지 않을 때 기우제를 드린다고 합니다. 그런데 신기한 것은 인디언들이 기우제를 드리면 100퍼센트 비가 옵니다.

왜 그럴까요?

인디언들은 비가 올 때까지 기우제를 드리기 때문입니다. 우리나라 문화는 빨리빨리가 익숙한 문화입니다. 그래서 초고속 인터넷이 세계 최고인지도 모릅니다.

인터넷은 빠를지 몰라도 사람의 마음은 인터넷 속도처럼 쉽고 빠르게 열리지 않습니다. 함께하는 시간과 꾸준한 대화와 섬김이 뒷받침 되어야 합니다. 사도 바울과 같은 능력이 있다면 사람 마음 여는 게 쉬울 텐데 저에게 그런 능력이 없기에 시간이 필요했습니다.

성령의 9가지 열매 중에 '오래참음'이 있습니다. 이 오래참음은 결코 쉬운 게 아니라는 생각이 듭니다. 군에서 복음을 전하면서 낙심할 때도 있고 좌절할 때도 수없이 많이 있었습니다. 저는 후임들을 잘 섬기면서 전도를 시도했는데 되려 안 좋은 소리가 들려올 때도 있었습니다.

그럼에도 우여곡절 속에서 주님은 항상 신실하게 역사하셨습니다. 끝까지 견디고 인내하면 좋은 열매를 맺을 줄 믿습니다.

병장 일기(2009년 7월 22일 수요일)

오늘은 김 상병과 김 일병의 생일 파티를 했다. 약 15명 정도로 소대의 많은 숫자가 모였다. 모이니까 참 좋다. 소대도 하나가 되는 듯하고 뿌듯하다.

35

간부와의 관계가 전도를 업그레이드하게 만든다

여러분은 직업 군인인 간부에 대해서 어떻게 생각하시나요?
어떤 사람은 군인의 적은 북한군이 아니라 간부라고 이야기하는 사람도 있습니다. 실제로 간부 중에서 주적처럼 행동하는 사람도 봤습니다. 하지만 좋은 간부도 있습니다. 군대에 있을 때 저를 많이 도와주시고 품어 주신 한 간부님이 생각납니다. 다름 아닌 본부 근무대장인 송 소령님입니다.

군대 있을 때 두 명의 본부 근무대장이 있었습니다.

첫 번째 본근대장은 병사의 입장보다는 자신의 앞길에 대해 관심이 더 많았던 분으로 기억합니다.

두 번째 본근대장인 송 소령님은 실제적 도움을 많이 주셨습니다. 상병 때 건방지지만 소대장을 넘어서 본근대장님을 자주 찾아가서 고민 상담도 하고 도움을 요청했습니다. 제가 본근대장실에 들어갈 때마다 환한 미소로 반겨 주셨습니다. 소령 간부면 권위적이고 업무적으로 대할 수도 있지만 정말 겸손하게 병사의 눈높이에 맞춰서 대해 주셨습니다. 그리고 형처럼 친근하게 대해 주셨던 모습이 아직도 선합니다.

"대장한테 말해. 괜찮아."

"대장이 힘써 볼게."

본근대장님은 '경비 소대의 날'을 만들어 주셨고 최대한 경비 소대를 도와주려고 하셨습니다. 경비 소대의 날은 분기마다 한 번씩, 소대끼리 운동하고 식사하고 목욕도 하고 휴가증도 주었습니다.

독자분들 중에서 '직속 상관이 소대장인데 왜 소대장에게 이야기하지 않았을까'라고 생각하시는 분이 계실 수도 있습니다. 제가 소대장에게 고충을 이야기하지 않은 이유는 소대장이 싫어서 그런 것이 아니라 나름 이유가 있습니다.

처음에 소대장에게 고충을 이야기했지만 개선이 없었습니다. 소대장이 좋은 사람이었지만 해결 부분에 있어서 미흡했고 무조건 후임 병사들의 편만 들었습니다(이렇게 행동하는 게 이해가 됩니다. 문제가 터지면 자연스럽게 간부 책임이 되고 간부의 인사 고과반영, 장기 승인 여부 또는 승진과 관련이 있기 때문입니다).

그래서 우연히 상병 때 본근대장을 찾아가서 이야기했습니다. 처음에는 본근대장님에게 '이야기할까, 말까' 많이 망설였습니다. 걱정했던 것과 달리 나중에는 제가 부탁하면 휴가도 주실 정도의 관계가 되었습니다. 그래서 저는 그 휴가를 성실한 후임들에게 주었습니다(특별 휴가를 제가 사용한 적은 없었습니다. 다 후임들에게 주었습니다).

그리고 그분은 제가 하는 모든 것을 믿어 주셨습니다(일부 간부들 중에 예전 고참들의 실수로 저희 소대를 안 좋게 보는 간부들도 있었습니다. 그래서 아무 잘못 없는 소대원들을 수시로 괴롭히는 간부들도 있었습니다). 그래서 저는 군생활과 분대장 역할에 더 집중했고 소대는 건강하게 변하기 시작했습니다.

제가 인상 깊게 봤던 <광해>라는 영화가 있습니다. 진짜 왕인 광해군과 가짜 왕인 하선이 나옵니다. 진짜 왕이 병상이 누워 있자 도

승지는 왕과 비슷한 사람을 찾아와서 대리 왕을 세웁니다. 가짜 왕인 하선은 사람의 마음을 얻을 줄 알고 백성의 말에 귀를 기울일 줄 아는 사람이었습니다. 왕의 음식을 만드는 기미 나인과 독대해 그녀의 억울한 사연을 듣고 그녀의 아버지를 구해 주려 했습니다. 나중에 반란군이 왕의 팥죽에 독약을 넣으라고 시켰지만 은혜를 입은 기미 나인은 왕의 팥죽에 독약을 넣지 않고 자신의 입으로 삼켜서 대신 죽음을 맞이합니다.

본부 근무대장님의 리더십은 제가 더 열심히 소대를 개선하는 데 힘이 되었습니다. 침울하고 경직된 분위기는 조금씩 활기를 띠면서 좋은 분위기로 바뀌기 시작했습니다. 모든 것이 하나님의 은혜이지만 저를 믿어 주시는 본근대장님이 뒤에서 밀어 주시니 전도 사역에 날개를 단 것처럼 더 수월해졌습니다. 당연히 저희 말년은 참 행복했습니다.

여러분, 좋은 간부, 우리의 가치를 알아주는 간부를 만나는 것도 귀한 복입니다. 지금부터 만남의 복을 위해 기도하십시오. 주께서 예비해 주신 귀한 만남을 경험하게 될 것입니다.

36

보상 심리를 내려놓자

우리나라는 참 아픔이 많은 나라입니다.
나라 이름도 대한민국.
한이 커 보이지 않나요?
아픔과 상처를 받은 사람들이 나중에 자리에 올라가서 똑같이 하는 것을 종종 볼 수 있습니다. 이게 바로 '보상 심리'입니다. 보상 심리 때문에 제가 겪었던 악습을 알려드립니다.

첫째, 이등병 파트에 써 놨던 병 상호 간의 종교 제한 행위입니다. 고참들은 예배 시간과 청소 시간이 겹치기 때문에 종교 활동에 참석하는 후임 병사들에게 눈치를 줍니다.
그럼 이 문제를 어떻게 해결해야 될까요?
간단합니다. 눈치를 주는 행동들을 없애면 됩니다. 일요일 저녁 8시 청소를 없앴습니다. 매일매일 하는 청소 하루 안 해도 괜찮습니다. 그래도 눈에 쉽게 띄는 부분은 교회 가기 전 자신의 물품 정리 및 개인 장구류 정리 및 청소를 간단하게 했습니다.
여러분이 고참 및 분대장이라면 주일 저녁 예배 참석을 위해 방해되는 것을 지혜롭게 정리하시고 함께 예배드릴 수 있도록 섬겨 주십시오. 그래야 눈치 보지 않고 교회에 갈 수 있습니다. 교회 가는 병사들은 청소하지 않지만 남은 병사들만 청소한다면 병사들은 불만이 쌓일 겁니다. 지금은 같은 계급끼리 생활한다고 들었습니다. 그러면 그에 맞게 변형하시면 됩니다.

둘째, 각 부대의 소대마다 다르겠지만 우리 소대에는 밤에 당직하는 고참에게 간식을 대접하는 전통이 있었습니다. 이것을 없앴습니다(기존 선임들도 이것을 점점 없애려고 시도했고 제가 고참일 때 완전히 없애 버렸습니다). 이등병 때 월급이 8-9만 원대였던 걸로 기억합니다. 십일조 빼고 간식 사면 4만 원 정도가 남았습니다. 한 달에 4만 원으로 생활합니다. 요즘에는 월급이 50만 원이라고 들었습니다. 월급이 많아져도 이런 악습은 없어져야 합니다.

그럼 왜 이런 악습이 이어질까요?

이유는 보상 심리 때문에 그렇습니다. 나도 예전에 힘들지만 월급 쪼개서 고참들 간식 대접했고 나중에 고참 되서 받아 먹으려고 하는 것입니다. 그러니까 '너네도 당연히 해야지 나중에 너네도 고참 되서 후임들한테 받아 먹어라'는 생각을 갖고 있습니다.

저도 일, 이병 때 당했던 것 중에 버리기 힘든 악습도 있었습니다. 왜냐하면, 저에게도 보상 심리가 있었기 때문입니다. 제가 심은 만큼 받지 못한 부분도 있고 이런 악습을 없애도 후임들은 고마워하거나 몰라주기 때문입니다. 하지만 소대에 하나님의 나라가 임하기 위해선 변화가 필요했습니다. 그래서 과감하게 악습을 끊어 버렸습니다.

여러분 대가 없는 변화는 없습니다. 주님의 영광을 위해서 내려놓을 수 있어야 합니다. 자신의 유익이 아니라 건강한 소대를 만들려면 내려놓아야 합니다. 그래야 변화가 일어납니다. 그런데 변화하는 과정에서 불편한 부분이 생깁니다. 바로 나와 함께 군생활했던 가까운 선, 후임들이 걸립니다. 나는 악습을 버리고 싶고 개혁하고 싶지만 그들은 나와 다른 생각, 즉 보상받고 싶을 수도 있습니다.

어떻게 해야 지혜롭게 헤쳐 나갈 수 있을까요?

충분히 계속 대화하면서 비전을 공유해야 합니다. 내 주위의 사람들과 좋은 관계를 만들어 놓아야지 그런 과정이 진행될 때 큰 마찰 없이 잘 진행될 수 있습니다. "우리는 이렇게 하지 말자"라고 말하면서 맛있는 것도 사고 마음을 달래 주어야 합니다. 그렇게 설득했지만 변하지 않으면 혼자서라도 해야 합니다.

셋째, 대가 없는 섬김입니다.

혹시 이런 이야기를 들어보셨나요?
"내가 이렇게 해 주었는데, 넌 왜 안 해 줘?"
"가는 것이 있으면 오는 것이 있어야 하는 게 아냐?"

옆집에서 음식만 주어도 빈그릇에 무엇인가 넣어서 돌려보내는 것이 관습이고 예의인 나라가 우리나라입니다. 그렇지만 내가 후임들 생일 챙겨 줬는데 후임들은 내 생일 안 챙겨 줬다고 심술부린다면 전도 길은 막힐 수 있습니다. 후임들에게 무엇인가 바라지 마십시오. 그냥 예수님의 마음으로 섬기는 것입니다.

주님이 대가를 기대하셨나요?
주님은 아무런 대가 없이 우리를 위해 희생하셨습니다.

> 인자가 온 것은 섬김을 받으려 함이 아니라 도리어 섬기려 하고 자기 목숨을 많은 사람의 대속물로 주려 함이니라(막 10:45).

여러분, 보상받으려는 마음은 한도 끝도 없습니다. 보상받지 못할 때 느끼는 섭섭한 마음을 내려놓으시고 하나님이 주실 상급을 기대하십시오. 주님은 복음을 위해 헌신한 자들을 위해 세상과 비교할 수 없는 상급을 주십니다. 대가 없는 섬김을 통해 여러분의 삶 속에 하나님의 은혜와 축복이 함께하시길 소망합니다.

> 또 내 이름을 위하여 집이나 형제나 자매나 부모나 자식이나 전토를 버린 자마다 여러 배를 받고 또 영생을 상속하리라(마 19:29).

37

38일간의 휴가

　힘겨운 군생활을 마치고 그동안 못 썼던 휴가를 마지막에 다 쓰게 되었습니다. 일병 정기, 상병 정기, 병장 정기 휴가를 다 합치면 30일 정도 되었고 특박, 위로, 포상휴가를 합쳐서 38일까지 휴가를 쓸 수 있었습니다. 신종플루 때문에 특박휴가가 3일 정도 줄었지만 많이 쓸 수 있어서 감사했습니다.
　저는 위에 고참들이 많아서 정기 휴가를 자유롭게 못 사용했습니다. 그래서 더 스트레스를 많이 받은 지도 모릅니다. 저처럼 휴가를 몰아서 한 번에 사용할 수도 있지만 스트레스를 많이 받거나 필요한 시기에 휴가를 사용하는 게 좋습니다. 그래야 안 그래도 스트레스 많이 받는 군생활 가운데 적절하게 컨디션을 조절할 수 있습니다.

38

참된 신앙

많은 이등병과 일병이 주말에 교회 가고 싶어 합니다. 저 자신도 예외는 아니었습니다. 그들 중에 진짜 갈급한 마음으로 하나님께 예배드리고 싶은 사람도 있을 것이고 아니면 이 힘든 군생활에 도피성 같은 군대 교회에서 선임들의 눈을 피해 쉬고 싶은 사람들도 있을 것입니다.

이유가 어떻든 이병, 일병 병사가 교회에서 위로받고 눈물도 많이 흘리는 모습을 많이 봤습니다. 그런데 계급이 높아지면서 몸과 마음이 편해지자 교회를 나오지 않는 경우를 종종 보게 됩니다.

이런 모습을 구약 사사 시대 이스라엘 백성들의 모습에서도 찾아볼 수 있습니다. 하나님의 은혜로 형통한 복을 받게 된 이스라엘 백성들은 몸과 마음이 편해지자 죄를 짓기 시작했습니다. 하나님은 선지자들을 통해 경고하고 또 경고했지만 그것을 무시하고 달콤한 죄악을 쫓은 그들은 결국, 주변 나라의 식민지가 되었습니다.

많은 어려움을 겪고 고생한 그들은 그제서야 하나님께 기도하기 시작했습니다. 하나님은 사사를 보내셔서 이스라엘의 주권을 회복시켜 주셨습니다.

연단과 어려움이 있을 때 주일 성수 하는 것은 중요합니다. 하지만 자신의 삶이 편안하고 안락할 때도 여전히 하나님을 찾고 경외하는지 자신을 점검할 필요가 있습니다.

화장실 들어갈 때와 나올 때 마음이 달라진다는 이야기가 있습니다. 힘들 때나 편할 때나 언제나 변함없이 하나님을 경외하고 예배를 드리시는 여러분이 되시길 소망합니다.

병장 일기(2009년 11월 11일 수요일)

대망의 전역날이다.

엄청 기쁠 줄 알았는데 그렇지는 않다.

입대할 때는 최악이었다. 그래서 전역할 때는 최고의 기쁨을 느낄 줄 알았는데 생각보다 기쁘지 않다. 역시 최고의 참된 기쁨도 예수 그리스도 안에서 느낄 수 있다. 그동안 지켜 주시고 인도하신 주님께 모든 영광을 돌립니다.

아멘.

병장이 해야 할 일

1. 주일 예배드리기
2. 하루에 30분 이상 기도하기
3. 감사 일기 쓰기
4. 체력 단련하기(주 2-3회)
5. 성경 읽기(하루 10장 이상)
6. 1-2주에 한 번 후임과 함께 운동하기
7. 1-2주에 한 번 PX에서 후임에게 사 주면서 대화 나누기
8. 1-2주에 한 번 후임 칭찬 및 격려하기
9. 성인 잡지 보지 않기
10. 전공 공부하기
11. 분대원들 1주일에 2명 이상 상담하기
12. 십일조 하기
13. 복음 전하기
14. 리더십 도서 보고 적용하기

제6부

민간인

사무엘이 돌을 취하며 미스바와 센 사이에 세워 이르되
여호와께서 여기까지 우리를 도우셨다 하고
그 이름을 에벤에셀이라 하니라
(삼상 7:12).

39

군생활을 돌아보며

군생활은 많은 아쉬움 남습니다. 특히, 실수했을 때를 돌아보면 '왜 그렇게 했을까, 다시 돌아간다면 더 잘할 수 있을 텐데'라는 아쉬운 생각이 많이 듭니다. 그래서 제가 아쉬웠던 부분을 나누려고 합니다.

첫 번째 아쉬웠던 점

하나님의 은혜로 소대가 복음화 되고 많은 소대원과 주일에 교회를 가게 되었습니다. 소대 내에 종교 생활이 자율화가 되었습니다. 그런데 아쉬웠던 점은 제가 전역한 후에 소대원들을 신앙적으로 이끌어 줄 수 있는 사람이 없었다는 것입니다. 제가 전역한 후에도 소대원들이 자유롭게 교회를 가게 되었지만 그들이 영적으로 성장하지 못한 안타까운 점이 있었습니다.

하나님은 모세를 통하여 이스라엘 백성을 출애굽시킨 다음에 다음 리더인 여호수아를 세우셨습니다.

> 모세가 눈의 아들 여호수아에게 안수하였으므로 그에게 지혜의 영이 충만하니 이스라엘 자손이 여호와께서 모세에게 명령하신 대로 여호수아의 말을 순종하였더라 (신 34:9).

그래서 믿음의 스토리가 모세부터 시작해 여호수아까지 쭉 이어지게 되었지만 그 뒤로는 제대로 된 리더가 세워지지 않아서 이스라엘 백성들은 자신의 소견에 옳은 대로 행동했습니다.

> 여호수아가 죽은 후에 이스라엘 자손이 여호와께 여쭈어 이르되 우리 가운데 누가 먼저 올라가서 가나안 족속과 싸우리이까(삿 1:1).
> 그 때에는 이스라엘에 왕이 없었으므로 사람마다 자기 소견에 옳은 대로 행하였더라(삿 17:6).

저는 다음 리더를 세우지 못해서 부대 안의 믿음의 스토리가 이어지지 않은 것이 너무 안타까웠습니다. 지금 다시 돌아간다면 믿음의 후임을 잘 세워 놔서 선한 영향력이 흘러가게 했을 텐데…. 이 점이 참 아쉽습니다. 그래서 후임을 잘 세우도록 기도하시고 믿음의 후임을 항상 데리고 다니면서 키우시길 바랍니다.

성경에는 섬김을 잘했던 사람들이 나옵니다. 사울은 예수님을 믿는 사람들을 핍박하던 안티 그리스도인이었습니다. 그가 다메섹에 악행을 행하러 가는 길에 예수님을 만납니다. 그리스도인이 되었지만 전적이 있기 때문에 사람들은 그를 경계하고 의심했습니다. 그때 바울을 변호해 주고 섬겨 주었던 사람이 바나바입니다.

> 사울이 예루살렘에 가서 제자들을 사귀고자 하나 다 두려워하여 그가 제자 됨을 믿지 아니하니 바나바가 데리고 사도들에게 가서 그가 길에서 어떻게 주를 보았는지와 주께서 그에게 말씀하신 일과 다메섹에서 그가 어떻게 예수의 이름으로 담대히 말하였는지를 전하니라(행 9:26-27).

다 경계하고 꺼렸지만 바나바만이 그의 이야기를 들어 주고 다른 제자들에게 그를 변호해 주었습니다. 그리고 그 섬김은 바나바에서 바울로 바울에서 디모데로 이어집니다.

주님의 제자를 키우는 데 있어서 탁월한 방법 한 가지를 소개해 드립니다. 바로 도제입니다. 데리고 다니면서 보여 주고 그가 인도할 수 있도록 장을 열어 줍니다. 이 과정으로 애쓴 사람들은 나중에 어디 가서든지 사람을 잘 세우고 비전을 공유하는 데 남들보다 앞선 길을 가게 될 것입니다. 제자를 잘 세워서 건강한 소대를 잘 만드시길 축복합니다.

두 번째 아쉬웠던 점

소대 내에서 전도 모임이나 기도 모임을 만들어야 했는데 그렇게 하지 못했습니다. 기도 응답은 살아계신 하나님의 증거입니다. 이런 모임을 통해서 우리 소대뿐만 아니라 타 소대 병사들도 복음을 듣고 체험할 수 있는 귀한 자리가 될 수 있었을 텐데 그런 자리를 만들지 못해서 너무 아쉬웠습니다. 다시 돌아간다면 꼭 이 모임을 만들었을 것입니다.

너무 안타깝습니다. 제 동생이 인천에서 군생활을 했는데 담당 간부가 일주일에 한 번씩 복음에 대해 소개하는 모임이 있었다고 합니다. 그 이야기를 들으면서 '나도 저런 모임을 꼭 만들었어야 했는데' 하는 아쉬움이 남았습니다.

이 책을 보시는 분들은 꼭 기도 모임, 전도 모임을 만드시기를 바랍니다.

세 번째 아쉬웠던 점

군대 내에서는 제자 교육이 없었습니다. 선교 단체나 큰 교회에 가면 제자 훈련, 성경 공부반이 있는데 제가 있었던 군 교회에는 이런 교육이 없었습니다. 예배와 친교뿐이라 아쉬웠습니다. 이런 교육이 있었다면 병사들이 하나님의 말씀을 더 알게 되고 그분이 어떤 분이신지 알았을 텐데 병사들을 영적으로 성장시킬 교육이 없어서 아쉬웠습니다.

혹시라도 이 책을 읽는 군종 목사님이나 관계자분들은 (군종 목사님이 1-2년이면 다른 부대로 전출을 가시겠지만) 평신도 집사님들을 훈련시켜서 어떤 군종목사님이 오셔도 병사들을 말씀과 기도로 훈련시킬 수 있는 큐티 모임이나 기도 모임을 만들어 주시길 부탁드립니다.

네 번째 아쉬웠던 점

부모님의 은혜는 늘 감사합니다. 군대 가기 전에는 부모님의 섬김에 감사하다는 것을 이론적으로만 알고 있었습니다. '필요한 것을 사 줄 때는 감사했지만 그 외에도 감사했던 적이 있는가'라는 생각이 듭니다.

집이 아닌 다른 곳에서 2년 동안을 지내면서 부모님이 해 주셨던 것에 감사를 느끼게 되었습니다. 그러면 가끔씩 전화해서 감사하다는 말, 사랑한다는 말을 해야 되는데 부끄러워서 그런 말조차 못했습니다.

제 할아버지가 2016년 1월에 소천하셨는데 할아버지는 1년 6개월 전부터 병원에 누워 계셨습니다. '할아버지한테 어렸을 때 이후 사랑한다고 말했던 적이 있었나' 생각했을 때 할아버지께 사랑한다고 마음을 표현한 적이 없었습니다. 다행히도 돌아가시기 전에 한 번 사랑한다고 이야기했는데 그것이 마지막 고백이었습니다.

  이 책을 읽으시는 분들은 감사하고 사랑한다는 말을 부모님께 표현하길 바랍니다.

  "아버지, 어머니 여기 와서 부모님의 사랑을 더 느끼게 되네요. 감사하고 사랑합니다."

40

전역 후

저는 개인적으로 전역할 때 최고로 행복할 줄 알았습니다. 왜냐하면, 입대할 때는 이제껏 살면서 최악의 기분을 느꼈기 때문입니다. 그런데 막상 전역하자 최고의 기분은 느끼지 못했습니다. 전역 자체도 그리 기쁘지 않았습니다. 뭔가 완전히 이루지 못한 부대 복음화 (가끔씩 상병 5호봉으로 돌아가고 싶다는 생각을 합니다) 그리고 미래에 대한 걱정과 근심 때문일지도 모릅니다.

그래서 전역 전에 전문 하사에 지원하려고 했습니다. 저를 좋게 봐주신 간부님들도 전문 하사를 추천해 주셨습니다. 그런데 저를 군종병으로 못 가게 했던 그 소대장이 전문 하사를 하지 못하게 막았습니다.

두 번째 소대장은 군종병도 못 가게 막고 무엇을 할 때마다 막았습니다. 제가 소대장을 많이 도와줬는데도 승인해 주지 않은 것이 이해가 되지 않았습니다. 결국, 전문 하사를 못하게 되었습니다.

저는 진로에 대해 고민이 많았습니다. 그 전에는 대학교에서 건축을 전공했는데 '정말 이것이 하나님의 뜻일까'라는 생각을 많이 했었습니다. 이런저런 생각과 기도 후 주님의 인도하심으로 지금은 교회 내에서 부교역자로 사역하고 있습니다. 매사에 하나님의 뜻을 먼저 구해야 되는데 내가 앞서 가고 내가 먼저 무엇을 해 보려고 했던 저였습니다. 그런데 이제는 하나님의 뜻을 알고 주의 길로 가게 하심을 감사하게 생각합니다. 이 당시만 해도 혼자 믿었는데 지금은 친척, 가족들이 예수님을 영접하고 한 명은 교회에서 귀한 리더로 쓰임 받고 있습니다. 이 모든 것이 하나님의 은혜입니다.

가끔씩 군대에서의 아쉬운 일들이 생각납니다. 그때 더 많은 영혼을 전도할 수 있는 기회가 있었는데 전도를 더 못한 아쉬움이 느껴집니다. 그래서 앞으로 군대 가는 후배 군인들이 조금 더 시행착오를 겪지 말라고 이 책을 쓰게 되었습니다.

그리고 제가 그토록 바랐던 군종병 자리는 수송부에 있던 나이 많은 후임이 하게 되었습니다. 많이 아쉬웠지만 묵묵히 소대 복음화를 위해 힘썼습니다. 군대 교회에서 봉사하고 섬기고 싶었는데 소대에서 인정받기 위해 개처럼 일하면서 그 흔한 교회 봉사 한 번 제대로 못 해 봤습니다.

1년에 한 번씩 전국의 군인들이 모여 집회하는 전군 구국기도회도 너무 가고 싶었지만 못 갔습니다. 국군의 날 행사도 참석해 본 적이 없었습니다. 그냥 소대 안에 갇혀서 살아남기 위해 날마다 발버둥쳤습니다. 날마다 선임들의 눈치를 보며 어디로 도망가지도 못하는 목줄 달린 강아지 같은 저였습니다.

저는 현역일 때 이런 생각을 많이 했습니다.

'이 황무지 같은 땅이 변할 수 있을까?'
'정말 뭔가 될 수 있을까?'
'하나님은 나를 왜 이렇게 힘들게 하실까?'

그런데 아무런 가능성도 안 보이는 이곳에서 하나님은 역사하셨습니다. 전역하던 날에 너무 기쁜 나머지 눈물이 하염없이 흘렀습니다. 나 같은 사람도 사용하셔서 종교의 자유가 생기고 함께 교회 가게 하시고 예수님을 알게 해 주셔서 너무 감사했습니다. 하나님의 은혜로 윗 선임들이 받아 보지 못한 헹가래도 받았습니다. 지금은 가끔 연락되지만 모든 선, 후임이 주님을 더 인격적으로 만나고 하나님의 영광을 위해 사는 예수님의 제자가 되길 기도하면서 이 책을 마무리합니다.

주님, 부족하지만 이 책이 하나님의 도구로 쓰임받기를 원합니다. 요즘에도 간간히 군대 내 문제가 매체에서 방영되어 마음이 아플 때가 참 많습니다. 피해자와 가족들을 위로해 주시옵소서.
하나님의 군사들이 일어나서 복음으로 부대를 장악하고 모든 가혹행위가 없어지게 하옵소서. 성령님의 도우심과 예수님의 사랑으로 부대가 변화되게 해 주세요. 믿음의 군인들이 날마다 하늘의 소망을 갖게 하시고 믿음의 불씨가 꺼지지 않도록 도와주세요. 주님의 군사들이 더 많이 생기고 그들이 있는 장소에 하나님의 나라가 임하길 축복해 주시옵소서.
예수님의 이름으로 기도드립니다.

마지막은 이 말로 마무리하고 싶습니다.

"하나님이 모든 것을 하셨습니다!"

부록

분대장이 꼭 해야 할 여덟 가지

소대나 분대 내에서 분대장이 되면 어깨에 녹색 견장을 달게 됩니다(대부분 최고참이 달게 됩니다). 이것은 녹색 천이지만 큰 의미를 갖고 있습니다. 제가 이등병, 일병일 때 분대장으로써 후임을 잘 관리하고 신경 써 주는 분대장은 없었습니다. 다들 자기 일에만 바쁘고 견장을 달았으니까 어쩔 수 없이 하는 경우를 많이 보았습니다.

실제로 맞선임이 분대장에게 군생활이 힘들다고 상담했습니다. 저는 '힘들다고 이야기했으니까 배려가 있겠지'라고 생각했습니다. 하지만 분대장은 이상한 소문을 만들었습니다.

"쟤, 갈 놈이니까 조심해."

힘들다고 솔직히 이야기해도 혹시 자신에게 불통이 튈까 봐 경계하는 사람들이었습니다. 그런데 분대장은 중요한 자리입니다. 분대장만 잘해도 나중에 사회에서 크게 인정받을 수 있습니다. 분대장만 잘해도 군 자살률을 현저히 낮출 수 있습니다. 그리고 믿지 않는 후임들을 전도할 수 있는 기회가 될 것입니다.

분대장이 해야 할 지침 몇 가지를 정리해 보면 다음과 같습니다.

1. 기도하기
2. 말씀 읽기 & 묵상

3. 분대원과 개인적 대화 시간 갖기

(1주일에 최소 두 명 이상. 저는 다섯 명 이상 했던 걸로 기억합니다)

4. 분대원의 생일 및 축하할 일 챙겨 주기

5. 감사 일기 쓰기

6. 폭언 구타 욕설하지 않기

7. 개인 정비하기

8. 체력 단련하기

1. 기도하기

　기도는 그리스도인들에게 호흡과 같습니다. 우리의 육체가 숨을 쉬어야 정상적으로 활동하는 것처럼 영혼도 숨을 쉬어 주어야 합니다. 영혼이 숨 쉬는 방법이 바로 기도입니다. 분대장 정도 되면 자유롭게 기도할 수 있습니다. 묵상 기도, 통성 기도, 방언 기도, 찬양도 자유롭게 또 크게 할 수 있습니다.

　기도하는 분대장은 하나님이 책임져 주십니다. 기도 제목은 나라와 민족을 위해, 한국 교회 위해, 전군 교회를 위해 그리고 소대에 전도하고 싶은 선, 후임들을 놓고 날마다 기도하는 것입니다. 때가 되면 기도 대상자가 예수님을 영접하고 주님께 돌아오게 될 것입니다.

　제가 사역하던 교회에서 실제 있었던 일을 소개하려고 합니다. 교회에서 소그룹 사역을 하면서 다른 소그룹을 종종 관찰했습니다. 어떤 셀은 재밌게 놀고 먹는 셀이 있었습니다. 이 셀은 많이 움직여서 역동적으로 보였습니다. 하지만 리더는 기도하기보다 노는 것을 좋아하는 사람이었습니다(노는 것도 필요하지만 소그룹의 주인은 예수 그리스도 이십니다). 반면에 어느 소그룹은 자주 놀러가지 않았지만 소그룹 리더가 날마다 기도하고 소그룹 모임 할 때마다 기도와 말씀을 나누며 준비하는 셀이 있었습니다.

여러분의 생각에는 어떤 셀이 부흥할 것처럼 보이시나요?

으쌰으쌰하며 재밌는 곳에 놀러가는 역동적 셀이 잘 되었을 것 같지만 후자인 잘 놀러가지 않지만 하나님의 도우심을 구하고 말씀으로 준비된 셀이 건강하게 성장하기 시작했습니다. 셀원들의 삶 가운데 하나님의 도우심과 은혜가 지속되었습니다. 기도 없는 소그룹 모임은 세상 동아리, 동호회랑 차이가 별로 없습니다. 날마다 기도하는 여러분이 되시길 소망합니다.

제가 전역 후에 청년부 소그룹 리더가 되었을 때 있었던 일입니다. 항상 소그룹과 소그룹 식구들을 위해 기도했습니다. 하나님의 도우심을 구했습니다. 제가 리더가 되었을 때 청년부 목사님은 몇명의 형제, 자매를 붙여 주었습니다. 저는 기대와 큰 꿈을 안고 카톡방에 초대해서 공지했습니다.

"할렐루야~ 반갑습니다. 청4셀, 이번 주 목요일 8시에 교회 어디실에서 셀모임 있어요. 그때 볼게요~"

'얼마나 올까?'

'누가 올까?'

기대했지만 그날 저는 주님과 둘이서 셀모임을 했습니다. 한 사람도 오지 않아서 낙심했지만 기도하고 또 기도했습니다. 한 자매에게 전화해서 이번 주 셀모임에 오라고 연락도 했지만 오지 않았습니다.

그래도 낙심하지 않고 기도했습니다. 사람이 안 나올수록 기도 시간을 늘렸습니다. 그 시간은 두 시간까지 늘어났습니다. 하나님께 간청드린 내용은 이러했습니다.

"주님 도와주세요. 우리 셀 식구들이 주님을 만나게 해 주세요."

저는 미사여구를 사용하는 기도를 잘 못합니다. 그냥 솔직하게 기도합니다. 한 자매를 위해 기도하는데 눈물이 펑펑 났습니다. 잃어버린 영혼을 향한 아버지의 마음이었습니다. 눈물 이후 몇 주 뒤에 자매는 하나님을 인격적으로 만나게 되었고 이전에는 셀모임에 나오라고 사정사정했지만 그 자매는 본인이 알아서 제자 훈련에 들어가고 매주 셀모임에 참석했습니다. 그리고 저희 셀인턴이 되어 저를 참 많이 도와주었습니다.

데살로니가전서 5:17은 "쉬지 말고 기도하라"입니다. 이 말씀을 NIV 성경으로 보면 'pray continually'입니다. '계속해서', '끊임없이', '빈번히' '기도하라'는 뜻입니다. 주님은 빈번한 기도를 통해 우리와 친밀함을 맺기를 원하십니다.

여러분의 상황에서 무엇인가 막혀 있으십니까?

하나님의 도우심을 경험하고 싶으십니까?

무릎꿇어 기도하십시오. 주님이 도와주실 것입니다.

2. 말씀 읽기 및 묵상하기

하나님의 말씀은 진리입니다. 요한복음 1:1에서는 이 말씀이 곧 하나님이라고 기록되어 있습니다. 진리의 말씀이자 하나님의 사랑

편지인 성경을 읽는 것은 중요합니다. 성경에서 인생의 지혜를 얻을 수 있고 성경을 통해 하나님의 뜻을 발견할 수 있기 때문입니다.

> 또 어려서부터 성경을 알았나니 성경은 능히 너로 하여금 그리스도 예수 안에 있는 믿음으로 말미암아 구원에 이르는 지혜가 있게 하느니라 모든 성경은 하나님의 감동으로 된 것으로 교훈과 책망과 바르게 함과 의로 교육하기에 유익하니 이는 하나님의 사람으로 온전하게 하며 모든 선한 일을 행할 능력을 갖추게 하려 함이라(딤후 3:15-17).

군생활을 하면 할수록 개인 정비 시간이 점점 더 많아지게 됩니다. 그때마다 꼭 성경을 읽고 묵상하며 하나님을 더 깊이 알아 가시고 말씀을 통해 하나님을 만나시길 축복합니다. 그래서 부대 안에서 큐티 모임을 만드는 것도 좋습니다. 영어로 큐티 모임을 한다면 영적 성장과, 외국어 실력까지 올릴 수 있는 두 마리 토끼를 잡을 수 있을 것입니다.

> 이 예언의 말씀을 읽는 자와 듣는 자와 그 가운데에 기록한 것을 지키는 자는 복이 있나니 때가 가까움이라(계 1:3).

3. 분대원과 개인적 대화 시간 갖기

분대장이 되면 녹색 견장뿐만 아니라 분대장 다이어리를 받게 됩니다. 거기에는 분대 후임들의 인적 사항이 기록되어 있습니다(혹시

받지 못한다면 개인적으로 준비해도 좋습니다). 분대장은 후임들과 대화하면서 좋은 관계를 맺을 수 있습니다. 후임들의 고민이 무엇인지, 사회에서 잘했던 게 무엇인지, 여러 가지 질문을 하면서 관계를 형성하게 됩니다. 선, 후임 간에는 대화가 정말 필요합니다. 예전 텔레비전 광고에 나온 내용입니다.

"말하지 않아도 알아요~"라는 초코OO 광고입니다.

말하지 않아도 알면 참 좋겠지만 말하지 않으면 알 수 있을까요? 말하지 않으면 모릅니다. 그래서 후임과의 대화가 전도의 지름길인 것을 아시길 바랍니다. 후임의 이야기를 들으면서 중요한 내용을 분대장 일지에 기록하고 나중에 물어본다면 '우리 분대장이 나한테 관심을 갖고 있구나'라고 감동을 하게 됩니다.

그리고 대화를 하면서 이 후임의 은사가 무엇인지 파악이 될 것입니다. 유능한 리더는 은사에 맞게 인력을 효율적으로 활용합니다.

가령 예능적 은사는 있지만 매사에 덜렁되는 사람에게 돈과 관련된 정확하고 꼼꼼한 일을 맡길 수 있을까요?

유능한 리더는 효율적으로 인력을 적재적소에 배치할 줄 압니다. 분대장은 분대원과의 대화를 통해 후임의 성격과 은사를 파악함으로써 역동적 분대를 만들 수 있습니다.

대화할 때 주의해야 될 게 있습니다. 내 중심의 대화보다 후임이 더 많이 이야기할 수 있도록 경청해야 합니다. 크게 하는 실수가 있는데 후임은 듣기도 원치 않는 '나 때의 군생활이야기'입니다. 조심해야 합니다(라때 주의). 후임이 먼저 듣고 싶다고 하면 이야기해 줄 수 있지만 그런 게 아니라면 조심해야 합니다.

포인트는 경청입니다.

> 내 사랑하는 형제들아 너희가 알지니 사람마다 듣기는 속히 하고 말하기는 더디 하며 성내기도 더디 하라(약 1:19).

경청할 때 언어적 표현과 비언어적 표현을 잘 활용하면 좋습니다. 내가 그 사람의 말을 듣고 있다는 신호로써 고개를 끄덕이거나 "그렇구나", "그런일이 있었구나", "속상했겠네", "너 정말 행복했겠다" 등등.

공감과 감정을 적절히 읽어 주시면 됩니다. 시중에 좋은 책이 있습니다. 미리 읽어 보셔서 매력적인 분대장이 되시길 축복합니다.

4. 분대원의 생일 및 축하할 일 챙겨 주기

관심과 사랑을 싫어하는 사람은 없습니다. 예수님 시대에 많은 사람에게 손가락질 당하고 욕먹던 삭개오는 친로마파 사람이었습니다. 그런 삭개오에게 예수님이 찾아오셔서 어느 누구도 가지 않는 그의 집에 거하겠다고 말씀하셨습니다.

> 삭개오라 이름하는 자가 있으니 세리장이요 또한 부자라 그가 예수께서 어떠한 사람인가 하여 보고자 하되 키가 작고 사람이 많아 할 수 없어 앞으로 달려가서 보기 위하여 돌무화과나무에 올라가니 이는 예수께서 그리로 지나가시게 됨이러라 예수께서 그 곳에 이르사 쳐다 보시고 이르시되 삭개오야 속히 내려오라 내가 오늘 네 집에 유하여야 하겠다 하시니 급히 내려와 즐거워하며 영접하거늘 뭇 사람이 보고 수군거려 이르되 저가 죄인의 집에 유하러 들어갔도다 하더라 삭개오가 서서 주께

> 여짜오되 주여 보시옵소서 내 소유의 절반을 가난한 자들에게 주겠사오며 만일 누구의 것을 속여 빼앗은 일이 있으면 네 갑절이나 갚겠나이다 예수께서 이르시되 오늘 구원이 이 집에 이르렀으니 이 사람도 아브라함의 자손임이로다 인자가 온 것은 잃어버린 자를 찾아 구원하려 함이니라(눅 19:2-10).

예수님을 만난 삭개오는 자신이 부당하게 했던 일에 대해 다시 몇 배로 갚겠다고 고백했습니다. 삭개오는 여리고에 사는 이스라엘 사람들이 싫어하던 사람입니다. 아무도 거들떠보지 않는 삭개오에게 예수님이 찾아가십니다. 그리고 그의 집에 방문하겠다고 말씀하십니다. 예수님의 관심 때문에 그의 마음은 흔들렸습니다.

생일이나 축하할 일이 있을 때 축하를 거부하는 사람은 없을 것입니다. 후임의 생일을 기억해 주고 챙겨 준다면 그 사람은 인간적으로 감사함을 느끼게 됩니다. 그래서 생일을 다이어리에 적어 놓고 그 후임을 축하해 주시길 바랍니다. 그것이 전도하는 데 한몫을 합니다.

> 즐거워하는 자들과 함께 즐거워하고 우는 자들과 함께 울라(롬 12:15).

5. 감사 일기 쓰기

성경에서는 감사에 대한 단어가 많이 나옵니다. 시편 50:23에는 "감사로 제사를 드리는 자가 나를 영화롭게 한다"고 기록되어 있고 데살로니가전서 5:18에는 "범사에 감사하라"고 기록되어 있습니다.

항상 비판적 시각으로 바라보는 사람이 있는가 하면 어떤 사람은 긍정적 시각으로 바라봅니다. 하루를 지내다 보면 좋은 일도, 기분 상하는 일도 있을 수 있습니다. 그런 상황 속에서도 감사를 찾는 것이 중요합니다. 범사에 감사하는 것이 하나님의 뜻이라고 성경에 기록되어 있습니다. 우리가 감사한다면 날마다 더 감사할 일이 넘치게 될 줄 믿습니다.

일병 일기(7월 20일)

오늘은 주일이다. 나는 주일이 가장 좋다. 왜냐하면, 예배를 드리며 주님을 만나는 날이기 때문이다. 오늘 주간 일직 보조 후 하계식도 하고 왔다. 나한테는 일만 시키고 소대 선임들끼리 라면도 먹고 치킨도 시켜 먹었다. 감정을 표출하진 않았지만 섭섭했다.

저녁 예배에 가려고 준비하는데 선임들이 청소 안 하고 가냐고 뭐라고 한다. 아, 피곤하게 한다. 그래서 교회 가는 걸 포기하려고 하는 찰나 왠일인지 박 병장이 교회 가라고 했다. 그 말 한마디에 갑자기 너무 기분이 좋아졌다.

교회까지 막 뛰어갔다. 오늘 비가 막 쏟아지는데 개의치 않고 뛰어갔다. 늦게라도 예배드리게 해 주신 주님께 감사하다. 치킨을 못 먹어서 섭섭했지만 교회에 온 자체가 너무 감사하다.

"감사합니다. 주님. 어떤 역경에서도 주님만 바로 보면서 나아갈 수 있도록 인도해 주소서."

> 범사에 감사하라 이것이 그리스도 예수 안에서 너희를 향하신 하나님의 뜻이니라
> (살전 5:18).

6. 폭언 구타 욕설하지 않기

저는 교회에서 청소년 사역을 한 적이 있습니다. 청소년들의 입에서 나오는 욕들을 종종 듣게 됩니다. 특히, 교회 안에서의 욕은 마음을 불편하게 만듭니다. 하나님께 속하지 않은 분대장은 폭언, 구타, 욕설하겠지만 예수님께 속한 크리스쳔 분대장은 달라야 됩니다.

우리는 다른 종교와 구별된 전지전능한 하나님의 자녀 곧 크리스쳔이지 않습니까?

우리의 입은 하나님의 영광을 위해 쓰임 받는 입이지 만약에 폭언, 욕설 또 구타를 한다면 하나님의 영광을 많이 가리게 됩니다.

제가 이등병이었을 때 김 분대장이 있었습니다. 김 분대장이 말년이 되었을 쯤 김 분대장의 동생이 우리 부대에 오게 되었습니다. 인사과에서 보직을 정하는 과정에서 분대장은 극도로 불안했습니다. 왜냐하면, 그전까지 자신이 후임들을 괴롭혔던 과거가 있었기에 자기 동생이 경비 소대로 오면 똑같이 당할까 봐 불안했던 것이죠. 아쉽게도(?) 동생은 경비 소대가 아닌 다른 곳으로 가게 되었습니다.

한국에서는 수직 문화가 너무 강합니다. 강한 수직 문화로 사람을 이끌려면 한계가 있습니다. 부모 세대에는 카리스마 리더십이 통했을지 모르지만 카리스마 리더십에는 좋은 효과만 있지 않습니다. 상처라는 트라우마가 생기고 우리가 자신에 대해 관대하지 못하게 됩니다.

그럼 리더십을 어디에서 배워야 될까요?

우리는 예수님을 통해 배워야 합니다. 복음서에 보면 예수님은 제자들의 필요를 채워 주시고 날마다 크리스쳔이 어떻게 살아야 하는지 삶으로 보여 주셨습니다. 우리는 세상의 방법으로 폭언, 구타, 욕설하지 않고 성경적 방법으로 어떻게 후임들을 대해야 하는지, 말 안 듣는 후임들을 어떻게 선한 방법으로 지도할 것인지를 기도하면서 씨름해야 합니다. 이것이 크리스천의 선한 영향력입니다.

> 무릇 더러운 말은 너희 입 밖에도 내지 말고 오직 덕을 세우는 데 소용되는 대로 선한 말을 하여 듣는 자들에게 은혜를 끼치게 하라(엡 4:29).

7. 개인 정비하기

보통 빠르면 상병 꺾일 때부터 사회에 나갈 준비를 합니다. 전공 공부, 운동, 영어 공부, 독서 등을 많이 합니다. 이렇게 미리 사회에 나갈 준비를 하는 사람이 있는가 하면 또 매일 텔레비전 앞에 누워서 후임들 괴롭히고, 눕혀서 안마나 걸고, 걸그룹 나오면 TV 보고 "야, 따라해봐"라고 하는 사람도 있었습니다. 그러면서 하는 말이 "아~ 시간 X나 안가, 야 뭐 재밌는 거 없냐"면서 후임들 힘들게 하는 게으른 고참도 있었습니다.

군생활을 제대로 한다면 날마다 시간이 모자랄 것이고 국방부 시계가 빨리 지나가게 될 것입니다(저는 6개월 전부터 시간이 빠르게 간다고 느껴졌습니다).

머리만 기르는 게 사회 나갈 준비하는 게 아닙니다. 머리카락은 사회에 나가면 자연스럽게 자랍니다.

그러면 이 귀한 시간을 어떻게 하면 잘 쓸 수 있을까요?

한 주간 자신의 스케줄을 파악해 봅니다. 한주간 일과 시간은 어느 정도이고 또 나에게 할애된 시간은 얼마인지 파악해 봅니다. 그리고 그 사이사이에 전공 공부, 영어 공부, 독서, 운동 등등 하나씩 넣어 가면서 스케줄표를 만듭니다.

그리고 선임 눈으로보면 후임이나 이등병들은 어리버리하고 모자란(?) 것처럼 보일 수도 있지만 그 중에는 사회에서 좋은 대학 다니거나 외국에서 유학하고 온 후임들도 있을 것입니다. 그런 후임에게 과외도 받을 수 있는 절호의 기회이니 놓치지 마시길 바랍니다. 여러분이 준비된 만큼 나중에 세월을 아낄 수 있습니다.

세월을 아끼라 때가 악하니라(엡 5:16).

8. 체력 단련 하기

군인에게 있어서 가장 중요한 것 중 하나가 바로 체력 단련입니다. 체력이 있어야 나라도 지키고, 건강해야 복음도 전할 수 있습니다. 일주일에 이틀 정도는 부대 내에 헬스장 또는 구보를 통해 체력을 향상시켜야 합니다.

좋은 팁을 하나 더 주자면 운동을 좋아하는 후임이나 체력 단련이 필요한 후임이 있으면 같이 뛰는 것입니다. 땀도 흘리고 후임의 스트레스도 풀어 주는 일석 삼조의 효과를 볼 수 있습니다. 체력을 잘 다져 놓으면 전역하고 다시 복학해도 학업에 집중할 수 있습니다.

부록

군대 가기 전에 준비해야 할 것

군 입대를 앞두고 무엇을 준비해야 좋을지 고민해 봤습니다.

1. 기도하는 습관 들이기

    다니엘처럼 시간을 구별해 하나님께 기도하기

2. 큐티하는 습관 들이기

    큐티지 한 권을 정해서 꾸준히 큐티하기

    큐티를 나누는 훈련하기(다른 사람과 전화 또는 화상 어플 사용해 나누기)

3. 성경 읽기

    복음서, 사도행전부터 시작해 읽습니다. 읽기 어려운 부분을 무조건 읽으려고 하지 말고 이해가 편한 부분을 먼저 읽습니다.

4. 운동하기(팔굽혀펴기, 달리기, 플랭크, 스쿼트 등)

    육군 체력 급수에 맞춰서 준비하면 됩니다(최소 입대 3개월 전부터 준비하면 좋습니다).

5. 가족들과 시간 보내기

6. 인간 관계 및 자기 계발, 기독교 리더십 관련 책 읽기

7. 일기 쓰기(간단하게 하루 2-3줄도 괜찮음)

8. 기도의 후원자 모집하기

    꾸준히 기도해 주실 수 있는 몇 분을 정해 기도 편지와 함께 기도 후원 받기

※ 중요한 것은 한 번에 많이 하는 것이 아니라 조금씩이라도 꾸준히 하는 게 중요합니다.